AF299244

LA LÉGENDE
DU
JUIF ERRANT

COMPOSITIONS ET DESSINS

PAR

GUSTAVE DORÉ

Gravés sur bois par F. Rouget, O. Jahyer et J. Gauchard.

POÈME AVEC PROLOGUE ET ÉPILOGUE

PAR

PIERRE DUPONT

Préface et Notice bibliographique par PAUL LACROIX (Bibliophile Jacob);

AVEC LA BALLADE DE BÉRANGER MISE EN MUSIQUE
PAR ERNEST DORÉ.

Sous le règne glorieux des maîtres de la renaissance, la gravure en bois créa l'imagerie populaire par une suite de chefs-d'œuvre dont on admire encore la simplicité naïve et originale. Mais la décadence fut prompte, et l'art dégradé ne représenta plus que par de grossières estampes les types gracieux ou terribles de la légende et de l'histoire. Si, de nos jours, la gravure en bois s'est relevée de son abaissement, c'est en rivalisant avec la gravure sur acier et sur cuivre, comme interprète de la grande peinture; elle ne s'est point souvenue de ses origines, et, bornant ses efforts à traduire la pensée des maîtres connus, sans rien produire de son propre fonds, elle a oublié, dédaigné peut-être l'imagerie, qui d'abord avait fait sa gloire.

C'est cet oubli regrettable que notre publication vient réparer. Gustave Doré, unissant dans

1856

sa devise l'art et le peuple, a entrepris de renouveler l'imagerie populaire, et, pour commencer la révolution qui fera bientôt disparaître tant d'affreuses débauches de dessin et de couleur, il a traduit en pages sublimes la vieille légende du Juif Errant.

Chacun de ses dessins est un poëme. La grandeur des planches lui a permis de donner un libre essor aux inspirations de son génie, et de retracer la légende dans toute sa rêverie fantastique et religieuse. Poursuivi par ce cauchemar terrible et sacré de Jésus gravissant le Calvaire, Isaac Laquedem cherche la mort dans toutes les parties du monde; son ombre, les eaux, les forêts, les montagnes, les nuages, se transforment pour le maudire, et lui jettent à la face la sentence divine : «Tu marcheras jusqu'à la fin des siècles.»

Gustave Doré a trouvé des interprètes dignes de lui dans les graveurs Jahyer, Rouget et Gauchard, qui ont reproduit ses dessins; dans le poëte Pierre Dupont, qui les a expliqués et commentés. L'auteur des *Paysans* et de *la Vigne* a soutenu sa renommée dans cette œuvre épique. Il a rendu avec un rare bonheur la pensée du peintre, qu'il suit pas à pas, et dont il ne s'éloigne que pour nous montrer des tableaux d'une grandeur vraiment magistrale.

La préface est de Paul Lacroix, le savant bibliophile. C'est l'histoire rapide de la gravure en bois, depuis la renaissance jusqu'à nos jours, suivie d'une curieuse notice bibliographique sur la légende du Juif Errant.

Le texte de la complainte a été revu avec un soin scrupuleux; nous le donnons avec la musique populaire, rétablie par Ernest Doré, qui a mis également en musique une chanson de notre immortel Béranger; l'obligeance de M. Perrotin nous a autorisés à la publier.

Enfin, pour vaincre une des principales difficultés de notre entreprise, il nous a fallu appeler en aide toutes les ressources de la typographie. La grandeur des planches aurait pu nuire à la pureté de l'exécution; mais M. Best, imprimeur du *Magasin pittoresque*, a fort habilement surmonté tous les obstacles et prouvé, une fois de plus, que la presse mécanique peut seule résoudre le grand problème de l'art : *Le beau à bon marché.*

La légende du Juif Errant est le commencement d'une série de livres en préparation. Que la sympathie publique nous soutienne, et nous aurons accompli dans l'art, dans l'imagerie et dans la librairie, une révolution nécessaire.

Grand in-folio. — Prix : broché, 12 francs; cartonné, 15 francs.

CHEZ MICHEL LÉVY FRÈRES, LIBRAIRES-ÉDITEURS,
RUE VIVIENNE, 2 BIS, A PARIS.
Et chez les principaux libraires des départements et de l'étranger.

Paris. — Typographie de J. Best, rue Poupée, 7.

LA LÉGENDE
DU JUIF ERRANT

COMPOSITIONS ET DESSINS

PAR

GUSTAVE DORÉ

GRAVÉS SUR BOIS PAR F. ROUGET, O. JAHYER ET J. GAUCHARD

IMPRIMÉS PAR J. BEST

POEME AVEC PROLOGUE ET ÉPILOGUE

PAR

PIERRE DUPONT

PRÉFACE ET NOTICE BIBLIOGRAPHIQUE PAR PAUL LACROIX (BIBLIOPHILE JACOB)

Avec la Ballade de BÉRANGER mise en musique

PAR ERNEST DORÉ.

PARIS

MICHEL LÉVY FRÈRES, LIBRAIRES-ÉDITEURS,

RUE VIVIENNE, 2 BIS.

1856

LA LÉGENDE DU JUIF-ERRANT
12 COMPOSITIONS par GUSTAVE DORÉ
GRAVÉES SUR BOIS PAR
MM. ROUGET, JAHYER ET GAUCHARD,
IMPRIMÉES PAR J. BEST.
IX: FRANCS BROCHÉ
EN VENTE chez MICHEL LÉVY FRÈRES,
LIBRAIRES ÉDITEURS, A PARIS, RUE VIVIENNE, 2 Bis
PRIX: 15 FRANCS CARTONNÉ
Cette affiche ne peut être placée qu'à l'Intérieur des Magasins

LA LÉGENDE

DU JUIF ERRANT

IMPRIMÉ PAR LES PRESSES MÉCANIQUES DE J. BEST,

RUE POUPÉE, 9, À PARIS,

Avec les encres de Lionel Lawson et Cⁱᵉ.

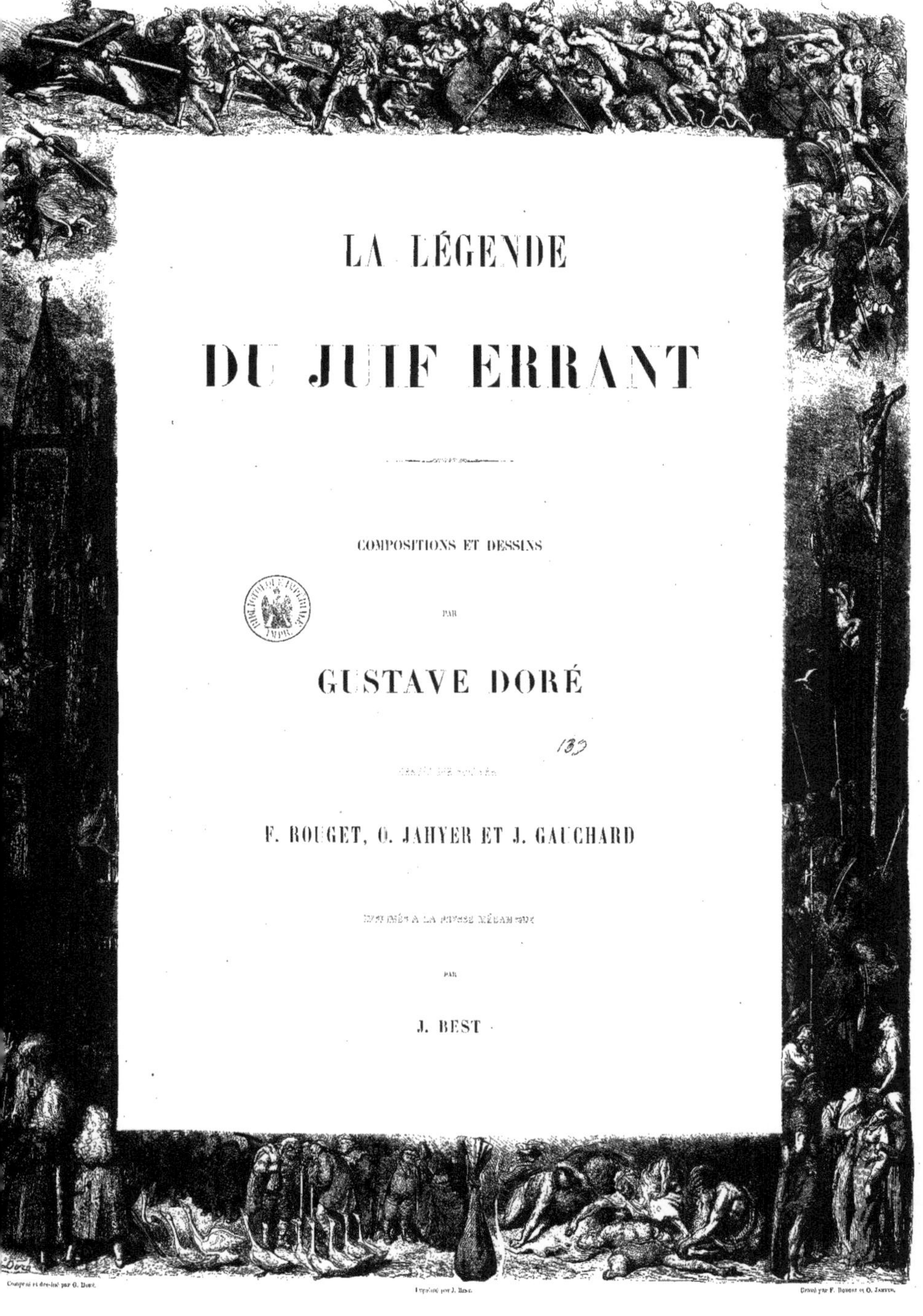

LA LÉGENDE

DU JUIF ERRANT

COMPOSITIONS ET DESSINS

PAR

GUSTAVE DORÉ

GRAVÉ SUR BOIS PAR

F. ROUGET, O. JAHYER ET J. GAUCHARD

IMPRIMÉ A LA PRESSE MÉCANIQUE

PAR

J. BEST

LA LÉGENDE

D

JUIF ERRANT

COMPOSITIONS ET DESSINS

PAR

GUSTAVE DORÉ

GRAVÉS SUR BOIS PAR F. ROUGET, O. JAHYER ET J. GAUCHARD

IMPRIMÉS PAR J. BEST

——— —

POEME AVEC PROLOGUE ET ÉPILOGUE

PAR

PIERRE DUPONT

PRÉFACE ET NOTICE BIBLIOGRAPHIQUE PAR PAUL LACROIX (BIBLIOPHILE JACOB)

Avec la Ballade de BÉRANGER mise en musique

PAR ERNEST DORÉ.

PARIS

MICHEL LÉVY FRÈRES, LIBRAIRES-ÉDITEURS,

RUE VIVIENNE, 2 BIS.

1856

PRÉFACE

Les arts naissent, se développent et se perfectionnent en raison des avantages et des nécessités de leur application; ils s'étiolent, languissent et cessent bientôt d'exister, dès que leur emploi journalier devient inutile. Telle a été la Gravure en bois, qui fut trouvée vers la fin du quatorzième siècle, alors que son invention répondait à un besoin spécial et impérieux, et qui, après avoir rendu pendant plus de deux cents ans tous les services qu'on pouvait attendre d'elle dans l'imagerie et dans l'imprimerie, tomba par degrés en désuétude, fut négligée, se vit restreinte à un rôle infime et subalterne, presque abandonnée, et demeura jusqu'à nos jours dans un triste état de décadence et d'avilissement.

Si la Gravure en bois a été inventée par les cartiers ou *tailleurs de formes*, qu'on appelait en allemand *formschneider*, comme le prétendent la plupart des savants qui se sont occupés de son origine, il est bien certain que son usage primitif en Allemagne, ou plutôt en Hollande, eut pour objet de multiplier les images de saints. Le plus ancien spécimen de l'imagerie religieuse est ce *Saint Christophe*, qui offre la date de 1423 et qui doit avoir été *taillé* en Bavière, où Heinecken l'a découvert collé dans l'intérieur de la couverture d'un manuscrit, en visitant la bibliothèque des Chartreux de Buxheim. Aussi, Heinecken s'est-il cru autorisé à dire, dans son livre intitulé : *Idée générale d'une collection d'estampes*, que, dès l'année 1423, on gravait en Allemagne des images de saints, « pour les distribuer au peuple. » Depuis la découverte du *Saint Christophe*, on a trouvé, chez un cabaretier de Malines, une autre image évidemment flamande, avec la date de 1418; et le docte iconophile Delbecq, de Gand, possédait, dans sa curieuse collection d'estampes, plusieurs pièces représentant des sujets pieux, gravées en Flandre avant 1400. Enfin, les *Bibles des Pauvres*, ces recueils d'images xylographiques antérieures peut-être à cette date, prouvent à la fois l'existence et la destination de la Gravure en bois, qui, dans les premiers temps, ne servait qu'à reproduire des images de sainteté et des figures de saints.

Ces figures de saints, ces images de sainteté, se répandaient parmi le peuple, dans les confréries, dans les pèlerinages, dans les marchés : on les collait sur la garde des livres, sur les meubles, sur les murailles des maisons, même sur les tombeaux; on les conservait ainsi durant plusieurs générations; on les invoquait dans les moments difficiles; on les regardait comme des talismans, comme des gardiens tutélaires : devant ces images enfumées, on priait, on méditait, on allumait des cierges ou des lampes, on brûlait de l'encens. La Gravure en bois, qui exécutait ces grossières images imprimées au frotton ou à la presse, avait de la sorte une application utile et avantageuse, puisqu'elle suppléait à des travaux de dessin et de peinture, que leur prix, beaucoup trop élevé, empêchait de multiplier autant qu'il le fallait pour satisfaire à la ferveur de la dévotion populaire dans les villes et dans les campagnes.

Ce n'est que longtemps après son invention, que la Gravure en bois, appliquée à l'illustration des livres, prit un nouveau développement en s'appropriant aux exigences nouvelles de l'imprimerie. Encore, les premiers livres auxquels l'art du *formschneider* apporta son concours, étaient-ils naturellement des ouvrages de religion, des Bibles, des Évangiles, des Missels. La Gravure en bois gardait ainsi, jusque dans les livres, son caractère originel d'imagerie religieuse et populaire. Les plus grands artistes, les plus habiles graveurs sur cuivre, n'avaient pas dédaigné de dessiner pour elle, et peut-être de *tailler* eux-mêmes au canif les vigoureuses compositions qu'ils exécutaient au crayon ou à la plume sur des tablettes de sycomore, ou de poirier, ou de hêtre, ou de figuier. Albert Durer, Cranach et Burgkmair, de même que leurs prédécesseurs Wolgemuth et Pleydenwurff, ajoutèrent une quantité de chefs-d'œuvre à l'innombrable série des productions primitives de l'imagerie. Non-seulement les images gravées en bois et tirées à la presse étaient beaucoup moins coûteuses que les estampes gravées sur cuivre et tirées à la main; mais encore elles pouvaient se reproduire à l'infini, sans endommager les formes; elles se prêtaient aussi aux habitudes du coloriage, et surtout, à cause de leur grossièreté même, elles étaient plus intelligibles et plus agréables aux yeux du vulgaire. Du reste, les procédés de la *taille* ne différaient guère des procédés actuels, et si l'on avait d'autres idées sur la préférence à donner à telle ou telle essence de bois, on obtenait à l'impression les mêmes résultats, puisque les planches de poirier, durcies et comme agatisées par l'usage, pouvaient fournir quelquefois un tirage de trois ou quatre mille exemplaires.

L'imagerie continua donc de jeter dans le peuple, en France comme en Allemagne et dans les Pays-Bas, une prodigieuse quantité d'estampes gravées en bois; mais l'art s'était retiré tout à fait de cette fabrication d'images monstrueuses ou ridicules, qui avaient même perdu graduellement leur naïveté traditionnelle. Les *dominotiers* d'Épinal, de Nancy et de Troyes; ceux de Bruges, d'Anvers et de Harlem; ceux de Nuremberg, de Francfort et de Hambourg, conservaient le monopole de ce genre de gravure, qui ne s'en tenait déjà plus aux sujets de dévotion, et qui s'essayait, avec la même ignorance et la même insouciance de l'art du dessin, sur toutes les variétés de l'imagerie populaire.

On conçoit que ces images tabellaires et xylographiques, qui se vendaient à profusion dans les foires de village et dans les rues des villes, soient devenues fort rares et presque introuvables; mais le fameux recueil, formé par Pierre de l'Estoille, sous le titre de *Singeries de la Ligue*, et conservé aujourd'hui à la Bibliothèque impériale de Paris, nous fait pourtant connaître que la Gravure en bois, au seizième siècle, servait comme aujourd'hui à *illustrer* les légendes, les complaintes, les caricatures et les placards, qui s'adressaient, moyennant quelques sous, à l'inépuisable curiosité des badauds de tous les pays.

La légende du *Juif Errant* fut, on peut l'assurer, quoique sans pouvoir le prouver, une des plus anciennes productions de l'imagerie populaire, et quoique les vieilles images de cette légende nous manquent absolument, nous n'hésitons pas à supposer qu'elles ont commencé à paraître vers le milieu du seizième siècle, lorsque la plupart des villes de l'Allemagne se vantèrent d'avoir vu passer le Juif Errant. Dans les premières années du dix-septième siècle, le Juif voyageur s'étant remontré en différents endroits de l'Europe, son image dut reparaître avec la complainte que les rapsodes de carrefour chantaient sur leurs tréteaux, en s'accompagnant de la vielle ou de la trompe. Plus tard, en plein dix-huitième siècle, à Bruxelles *en Brabant*, il est vrai, le Juif Errant et son image eurent encore les honneurs de la mode; et depuis cette dernière apparition de l'éternel vieillard, sa complainte, ornée de son portrait au naturel, ne cessa plus de circuler partout où l'imagerie populaire trouvait un public complaisant et empressé. Cependant, nous devons l'avouer, nous n'avons retrouvé nulle part une image du *Juif Errant*, que nous puissions faire remonter au delà de notre dix-neuvième siècle. Le Cabinet des estampes de la Bibliothèque impériale de Paris en possède une qui a la date de 1818, et une autre, dont l'imprimeur, nommé *Miger*, avait consacré ses presses à l'imagerie avant 1810.

Il s'est rencontré de notre temps trois artistes, trois graveurs passionnés pour leur art et impatients de créer de grandes œuvres, à l'exemple des vieux *maîtres en bois*. MM. Jahyer, Rouget et Gauchard, ont pensé avec raison que l'imagerie populaire devait se rattacher à l'art, et qu'il ne fallait qu'un heureux essai pour opérer une révolution complète dans la Gravure en bois; ils se sont dit que ce genre de Gravure n'était pas seulement applicable à l'ornement des livres, et que ses dimensions, trop restreintes pour les besoins de l'imprimerie typographique, pouvaient s'étendre aux proportions de la Gravure sur cuivre et sur pierre. Ils ont procédé, dans leur tentative ingénieuse, en se guidant d'après l'exemple qui avait jadis dirigé les anciens *tailleurs d'images*.

En effet, la Gravure en bois a des allures plus délibérées et plus franches que la Gravure sur métal; elle excelle à reproduire trait pour trait le crayon du maître, et elle n'affaiblit pas le dessin original par les tâtonnements du burin et les hasards de l'eau-forte; elle va mieux, si l'on peut s'exprimer ainsi, à l'œil de la foule; elle supporte plus volontiers le coloriage; elle se prête d'ailleurs à des tirages rapides, faciles et innombrables; enfin, elle est favorable à toutes les combinaisons de la publicité et du bon marché. Mais il fallait appeler en aide l'art du dessinateur, pour ressusciter l'imagerie populaire, et pour la relever de l'abaissement où elle était tombée : les graveurs ont jeté les yeux tout d'abord sur un peintre, dont l'imagination ardente et vagabonde ne recule devant aucune œuvre du crayon ou du pinceau, si neuve et si hardie qu'elle soit, et qui, bien jeune encore, a pris rang à la tête des *fantaisistes* de l'art. M. Gustave Doré était bien fait pour comprendre, pour seconder, pour faire réussir l'idée des nouveaux *maîtres en bois*.

Le sujet à exécuter s'est présenté de lui-même à l'esprit du peintre comme à celui des graveurs; ce sujet, le plus populaire, et, en même temps, le plus grandiose, le plus fécond, le plus varié de tous, c'est le *Juif Errant* de la légende, de la complainte, de la tradition. M. Gustave Doré, pour représenter cette tradition, cette complainte, cette légende, semble avoir consulté les souvenirs des bons bourgeois de *Bruxelles en Brabant*, qui virent de leurs propres yeux cet homme *si barbu*, lors de son passage dans leur ville en 1774, qui entendirent de leurs propres oreilles le récit de sa lamentable histoire, et qui voulurent le forcer à prendre sa part d'un *pot de bière fraîche;* mais, en outre, M. Gustave Doré a certainement, dans son œuvre étrange et gigantesque, fait jaillir de nouveau la source abondante des inspirations de Cranach et d'Albert Durer. L'exécution en bois des dessins originaux était une entreprise bien difficile, que les trois graveurs n'ont pas trouvée au-dessus de leurs forces : l'emploi des planches de buis, qu'on n'avait pas encore appropriées à des œuvres de pareille dimension, leur a permis de faire entrer dans ces grandes pages les travaux les plus fins et les plus achevés; ils ont ainsi, au moyen de la Gravure en bois, rendu des tons et des effets qu'on croyait ne pouvoir obtenir qu'avec la Gravure sur métal.

Nous le répétons, l'œuvre de Gustave Doré et de ses habiles interprètes est toute une révolution dans l'imagerie populaire, qui, grâce surtout au merveilleux tirage des presses de M. Best, remonte dès à présent au premier rang de la Gravure, et qui servira désormais à compléter l'éducation morale du peuple, en lui donnant l'intelligence des belles choses et le sentiment de l'art.

PAUL LACROIX *(Bibliophile Jacob).*

NOTICE BIBLIOGRAPHIQUE

SUR LA LÉGENDE

DU JUIF ERRANT

Il est ordinairement impossible de découvrir l'origine véritable d'une légende populaire, et même de préciser l'époque où elle a commencé de courir par le monde. On peut la comparer presque toujours à une épidémie, dont les causes secrètes échappent aux recherches de la science, et qui n'en a pas moins une existence reconnue, des effets manifestes et une marche occulte qu'on ne saurait ni prévoir ni arrêter.

Ainsi, la légende du Juif Errant, qui fut l'entretien de tout le moyen âge et qui circule encore parmi le peuple des campagnes dans la plupart des contrées de l'Europe, est sans doute bien antérieure au treizième siècle, quoiqu'on n'en trouve pas trace auparavant dans les chroniques. Depuis cette époque seulement, on constate de loin en loin la croyance générale qui l'avait admise comme un fait avéré, surtout en Allemagne, où les esprits, naturellement rêveurs et mystiques, étaient plus portés à la superstition et à la foi aveugle, qui font la fortune des légendes populaires.

Cette légende fameuse a sans doute pris sa source dans une belle et imposante allégorie, imaginée par quelque prédicateur, ou plutôt par quelque poëte qui a personnifié la nation juive sous les traits du Juif Errant. Les Juifs avaient demandé à Pilate la mort de Jésus-Christ, en disant : « Que son sang retombe sur nous et sur nos enfants ! » Les Juifs avaient crucifié le Fils de Dieu, en l'insultant à sa dernière heure ; leur châtiment avait été prédit par Jésus lui-même, qui donnait des larmes à Jérusalem condamnée à périr : ils furent, après la destruction de cette ville par Titus, expulsés de leur patrie et dispersés dans l'empire romain.

Dès lors, on a vu s'accomplir cette étrange destinée d'un peuple, qui survit à sa dispersion, et qui conserve, au milieu des autres peuples, sa nationalité, son caractère, ses lois et sa religion, malgré les persécutions continuelles qu'on lui fait partout subir. Outragé, spolié, chassé, il ne se décourage jamais ; il change d'asile avec résignation ; avec opiniâtreté, il revient sans cesse dans les mêmes lieux ; il brave de nouveau les dangers auxquels il avait à peine échappé ; il affecte d'être pauvre, pour s'enrichir impunément ; il se cache pour se soustraire aux avanies et aux supplices ; il ne veut pas abdiquer pourtant sa physionomie et son costume, parce qu'il persiste à rester juif, jusqu'à la venue du Messie, qu'il attend avec confiance. Tel a été le sort des Juifs jusqu'à nos jours ; telle est aussi la triste condition du Juif Errant, selon la légende.

On peut dire que l'arrêt du ciel, qui frappa les Juifs, en expiation du déicide, et qui les laisse traîner d'un bout du monde à l'autre leur déplorable individualité, que n'ont jamais absorbée ni même effacée les nations étrangères à travers lesquelles ils errent éternellement, on peut dire que cet arrêt terrible se trouve admirablement symbolisé dans l'histoire du Juif Errant.

Avant le treizième siècle, cette histoire était déjà fort accréditée chez tous les peuples chrétiens : les croisés l'avaient peut-être rapportée de la Palestine, ou plutôt elle se rattachait aux solennelles traditions de l'an 1000, qui, d'après une fausse interprétation d'un passage de l'Évangile, avait été l'effroi de l'Église catholique.

L'an 1000 devait être marqué par la Fin du monde, la venue de l'Antechrist et le Jugement dernier ; l'Antechrist ne vint pas, le monde ne finit point, en dépit des signes menaçants qui semblaient annoncer sa fin : inondations, famines, pestes, éclipses de lune et de soleil ; mais, comme sans doute les fourbes ne manquèrent pas alors pour exploiter la terreur universelle en jouant le rôle de l'Antechrist et en ramassant beaucoup d'aumônes à ce titre, on supposa sans doute que ces prétendus Antechrists, qui avaient apparu çà et là, n'étaient autres que le Juif Errant, qui ne pouvait séjourner au même endroit, et qui se transportait d'Orient en Occident avec la rapidité du vent et de l'éclair.

Dès lors, les imaginations furent frappées de la singulière et merveilleuse histoire que l'on racontait sur ce pauvre Juif, qui recueillit une partie de la haine qu'on avait pour les Juifs en général.

Les doctes théologiens s'emparèrent de cette histoire, que répétaient à l'envi toutes les voix naïves du peuple, et ils la firent concorder autant que possible avec les textes évangéliques. Quelques-uns essayèrent de prouver que le Juif Errant était Malchus, à qui saint Pierre coupa l'oreille dans le jardin des Olives ; ceux-ci n'hésitèrent pas à soutenir que c'était le Mauvais Larron qui accomplissait ainsi sa punition de par le monde, tandis que le Bon Larron restait assis à la droite de Jésus-Christ dans la Jérusalem céleste ; ceux-là avancèrent, avec moins d'assurance, que ce pouvait être Pilate lui-même ; mais le peuple préféra s'en tenir à ce qu'il savait du Juif Errant, et ne voulut rien changer à la légende qu'il avait faite lui-même, dans son ignorante et pieuse ferveur.

Cependant, le Juif Errant ne s'était pas montré en Europe depuis l'an 1000, il fallut bien supposer qu'on le voyait quelque part ; on pensa naturellement qu'il devait se plaire davantage en Orient, et qu'il errait plus volontiers dans les rues de Jérusalem que dans celles de Paris, de Rome ou de Londres.

On interrogea donc les gens qui revenaient de la Terre-Sainte ; on leur demanda s'ils n'y avaient pas rencontré le Juif Errant : les uns répondirent non, les autres, oui ; car ces voyageurs, fussent-ils croisés ou pèlerins, n'étaient pas moins enclins, dans ce temps-là, à faire des contes, mais ils y croyaient eux-mêmes les premiers, en les faisant.

Ce ne fut qu'en 1228 qu'on eut, de la bouche d'un témoin respectable, certains détails précis sur ce personnage, dont l'existence n'était révoquée en doute par personne. Un archevêque de la Grande-Arménie, qui vint en Angleterre pour visiter les reliques et les lieux saints, s'arrêta au célèbre monastère de Saint-Alban, y fut reçu avec beaucoup d'égards et de respect : « On l'interroge sur le fameux Joseph, dont il est souvent question parmi les hommes, lequel était présent à l'époque de la passion du Sauveur, lui a parlé, et est encore un témoignage de la foi chrétienne. »

L'archevêque répondit, dans sa langue arménienne, que pas un des moines ne comprenait ; mais un chevalier d'Antioche, qui faisait partie de sa suite, se hâta de traduire en français sa réponse, et narra la légende de Joseph, en présence de l'abbé et des religieux. Cette légende, recueillie dans le couvent même, peu d'années après, par Matthieu Paris qui y était moine, est rapportée tout au long dans sa grande Histoire *(Historia major, sive rerum Anglicarum historia)*. Nous traduisons littéralement le latin barbare du vieux chroniqueur, qu'on peut considérer comme le premier document historique où il soit question du Juif Errant.

« Lorsque Jésus fut amené du jardin des Olives au prétoire de Pilate pour y être jugé, Pilate, ne trouvant pas qu'il fût coupable, dit aux Juifs qui l'accusaient : « Prenez-le et jugez-le selon votre loi. » Mais, les Juifs redoublant leurs cris, Pilate mit en liberté le voleur Barrabas, et leur livra Jésus pour être crucifié. Les Juifs traînèrent Jésus hors de la salle du prétoire, et quand il tomba sur le seuil, Cartaphilus, qui était portier du prétoire, le poussa insolemment, en le frappant du poing dans le dos, et en lui disant avec un rire moqueur : « Va donc plus vite, Jésus, va ! Pourquoi t'arrêtes-tu ? » Et Jésus, tournant vers lui un visage sévère, repartit : « Je vais, et toi, tu attendras jusqu'à ce que je revienne ! » Or, suivant la parole du Seigneur, Cartaphilus attend encore la venue de Jésus-Christ. Il avait environ trente ans à l'époque de la Passion, et toujours, chaque fois qu'il atteint le terme de cent ans, il est saisi d'une étrange infirmité qui semble incurable et qui se termine par une léthargie, à la suite de laquelle il redevient aussi jeune qu'il était au moment de la Passion. Cependant, après la mort du Christ, Cartaphilus se fit chrétien, fut baptisé par l'apôtre Ananie, et prit le nom de Joseph. Aujourd'hui, ce Joseph habite d'ordinaire l'une ou l'autre Arménie et les différentes contrées de l'Orient; c'est un homme de sainte conversation et de grande piété, parlant peu et avec circonspection, tellement qu'il n'ouvre pas la bouche, à moins d'en être prié par les évêques et les religieuses personnes avec lesquelles il passe sa vie : alors il parle des choses d'autrefois, il s'entretient volontiers de la passion et de la résurrection du Fils de Dieu ; il raconte toutes les particularités de cette résurrection, d'après le témoignage de ceux qui ressuscitèrent avec le Christ et qui apparurent à plusieurs en divers lieux ; il raconte aussi comment les apôtres se séparèrent pour aller prêcher l'Évangile ; et il dit tout cela, sans jamais sourire, sans légèreté de paroles, sans aucune apparence de rancune ni de blâme ; car, plongé dans les larmes et rempli de la crainte du Seigneur, il attend sans cesse que Jésus-Christ vienne dans sa gloire juger les vivants et les morts, et il tremble de le trouver encore irrité contre lui à l'heure du dernier jugement. On accourt en foule, des parties du monde les plus éloignées, pour voir et pour entendre ce saint homme : si ce sont des personnes recommandables qui l'interrogent, il satisfait brièvement à leurs questions ; mais il refuse tous les présents qui lui sont offerts, et il se contente d'une nourriture frugale et d'un modeste vêtement. Cartaphilus place son espoir de salut éternel dans l'ignorance où il était à l'égard du Fils de Dieu, qui fit cette prière à son Père : « Mon Père, pardonnez-leur, parce qu'ils ne savent ce qu'ils font ! » Il se rappelle que saint Paul pécha comme lui, et mérita sa grâce aussi bien que saint Pierre, qui avait renié son Maître par faiblesse ou plutôt par peur. Il se flatte donc d'obtenir également l'indulgence divine, et il se complaît dans cette espérance qui l'empêche d'attenter à ses jours. »

L'archevêque arménien, qui faisait ce merveilleux récit aux bons moines de Saint-Alban, ajouta qu'il connaissait personnellement Cartaphilus, et qu'il l'avait même admis à sa table, peu de temps avant d'entreprendre un voyage en Occident.

Le doute n'était plus possible, après un pareil témoignage de la part d'un prélat aussi vénérable, qu'on ne pouvait soupçonner ni même d'erreur. La légende du Juif Errant passa dès lors de bouche en bouche, telle que les moines de Saint-Alban l'avaient recueillie, telle qu'on l'avait consignée dans sa chronique Matthieu Paris, qui rapporte, sous l'année 1252, que d'autres Arméniens, qui arrivèrent à cette époque en Angleterre, assuraient hautement que Joseph vivait encore. Quoi qu'il en soit, la légende traversa la mer, se répandit en France, puis dans les Pays-Bas, puis en Allemagne, où elle paraît avoir rencontré plus de foi et plus de sympathie que partout ailleurs, sans doute parce que les Juifs y étaient plus nombreux que dans le reste de l'Europe.

Cependant un seul historien contemporain de Matthieu Paris a fait mention de Cartaphilus et de son châtiment ; c'est Philippe Mouskes, évêque de Tournay, mort en 1282 : dans sa *Chronique rimée* (voy. l'édition publiée, par le baron de Reiffenberg, à Bruxelles, en 1838), il ne fait que traduire la grande Histoire du moine de Saint-Alban, quand il parle de *l'Arcevesque qui vint dechà la mer et fu d'Arménie*, ainsi que du Juif Errant :

> Al chef de C ans le voir-on
> Rajovené en cel roiox,
> Et ne meurs pas voirement
> Jusques au jour del Jugement.

Il est étonnant que tous les écrivains du moyen âge, romanciers, voyageurs, historiens, philosophes, commentateurs de la Bible, à l'exception de Matthieu Paris et de Philippe Mouskes, soient restés muets au sujet du *fameux Joseph*, qui avait tant préoccupé la curiosité des chrétiens occidentaux pendant les croisades. Les odieuses persécutions, exercées contre les Juifs par toute la chrétienté, ne paraissent avoir évoqué nulle part la grande figure symbolique du Juif Errant.

C'est seulement trois siècles après la publication de cette légende en Angleterre et en Flandre, que nous la retrouvons d'une manière certaine en Allemagne, sans autre métamorphose que celle du nom de *Cartaphilus*, devenu par corruption *Ahasverus*.

Voici une lettre datée du 29 juin 1564, qui prouverait que le Juif Errant vivait et se montrait encore à cette époque. Cette lettre, écrite en allemand par quelque bon catholique de Hambourg, circula d'abord manuscrite, et fut imprimée bientôt avec ce texte de l'Évangile en suscription : « En vérité, je vous le dis, il y en a ici aucuns qui ne goûteront pas la mort, jusqu'à ce qu'ils voient venir le Fils de l'homme en son royaume. »

La traduction française de cette curieuse lettre, qui parut plus tard à Leyde, est assez peu connue pour que nous la reproduisions ici textuellement :

« Monsieur, n'ayant rien de nouveau à écrire, je vous ferai part d'une histoire étrange que j'ai apprise il y a quelques années. Paul d'Eitzen, docteur en théologie et évêque de Schleswig, homme de bonne foi et recommandable pour les écrits qu'il a mis en lumière depuis qu'il fut fait évêque par le duc Adolphe de Holstein, m'a quelquefois raconté, et à quelques autres, qu'étudiant à Witemberg, en hiver, l'an 1542, il alla voir ses parents à Hambourg ; que, le prochain dimanche, au sermon, il vit, vis-à-vis de la chaire du prédicateur, un grand homme ayant de longs cheveux qui pendaient sur les épaules, et pieds nus, lequel oyait le sermon avec telle dévotion, qu'on ne le voyait pas remuer le moins du monde, sinon lorsque le prédicateur nommait Jésus-Christ, qu'il s'inclinait et frappait sa poitrine et soupirait fort : il n'avait autres habits, en ce temps-là d'hiver, que des chausses à la marine, qui lui allaient jusque sur les pieds, une jupe qui lui allait sur les genoux, et un manteau jusqu'aux pieds ; il semblait, à le voir, âgé de cinquante ans. Ayant vu ses gestes et habits étranges, Paul d'Eitzen s'enquit qui il était : il sut qu'il avait été là quelques semaines de l'hiver, et lui dit qu'il était Juif de nation, nommé Ahasverus, cordonnier de son métier ; qu'il avait été présent à la mort de Jésus-Christ, et, depuis ce temps-là, toujours demeuré en vie, pendant lequel temps il avait été en plusieurs pays ; et, pour confirmation de son dire, rapportait plusieurs particularités et circonstances de ce qui se passa lorsque Jésus-Christ fut pris, mené devant Pilate et Hérode, et puis crucifié, autres que celles dont les historiens et évangélistes font mention ; aussi, des changements advenus ès parties orientales depuis la mort de Jésus-Christ ; comme aussi des apôtres, où chacun d'eux a vécu et souffert martyre ; de toutes lesquelles choses il parlait pertinemment. Paul d'Eitzen, s'émerveillant encore plus du discours que de la façon étrange du Juif, chercha plus particulière occasion de parler à lui. Finalement, l'ayant accosté, le Juif lui raconta que, du temps de Jésus-Christ, il demeurait en Jérusalem et qu'il persécutait Jésus-Christ, l'estimant un abuseur, l'ayant oui tenir pour tel aux grands-prêtres et scribes, et, n'en ayant plus particulière connaissance, fit tout ce qu'il put pour l'exterminer ; que finalement il fut un de ceux qui le menèrent devant le grand-prêtre, et crièrent qu'on le crucifiât, et demandèrent qu'on le pendît plutôt que Barrabas, et firent tant qu'il fut condamné à mort ; que, la sentence donnée, il s'en courut aussitôt en sa maison, par-devant laquelle Jésus-Christ devait passer, et le dit à toute sa famille, afin qu'ils le vissent aussi, et, prenant en son bras un de ses petits enfants qu'il avait, se mit à sa porte pour le lui montrer. Notre-Seigneur Jésus-Christ, passant, chargé de sa croix, s'appuya contre la maison du Juif, lequel, montrant son zèle, courut à lui et le repoussa avec injures, lui montrant le lieu du supplice où il devait aller. Lors Jésus-Christ le regarda ferme et lui dit ces mots : « Je m'arrêterai et reposerai, et tu chemineras ! » Aussitôt le Juif mit son enfant à terre et ne put s'arrêter en sa maison, il suivit

et vit mettre à mort Jésus-Christ. Cela fait, il lui fut impossible de retourner en sa maison à Jérusalem, et ne revit plus sa femme ni ses enfants. Depuis ce temps-là, il avait toujours été errant en pays étrangers, sinon environ cent ans il fut en son pays et trouva Jérusalem ruinée, de sorte qu'il ne reconnaissait rien par la ville. Or, il ne savait ce que Dieu voulait faire de lui, de le retenir si longtemps en cette misérable vie, et s'il le voulait peut-être réserver jusqu'au jour du Jugement, pour servir de témoin de la mort et passion de Jésus-Christ, pour toujours convaincre les infidèles et athéistes. De sa part, il désirait qu'il plût à Dieu de l'appeler. Outre cela, Paul d'Eitzen et le recteur de l'école de Hambourg, homme docte et bien versé ès histoires, conférèrent avec lui de ce qui s'est passé en Orient depuis la mort de Jésus-Christ jusqu'à présent, dont il les satisfit ; de sorte qu'ils en étaient émerveillés. Il était homme taciturne et retiré, et ne parlait pas, si on ne l'interrogeait ; quand on le conviait, il y allait, et buvait et mangeait peu ; si on lui baillait quelque argent, il ne prenait pas plus de deux ou trois sous, et tout à l'heure les donnait aux pauvres, disant qu'il n'en avait que faire pour lors et que Dieu aurait soin de lui. Tout le temps qu'il fut à Hambourg, on ne le vit point rire ; en quelque pays qu'il allât, il parlait le vulgaire, car il parle saxon comme s'il eût été natif de Saxe. Plusieurs hommes de divers pays allèrent à Hambourg, pour le voir ; et en furent faits divers jugements ; le plus commun fut qu'il avait un esprit familier. Paul d'Eitzen ne fut pas de cette opinion, d'autant que non-seulement il oyait et discourait volontiers de la parole de Dieu, mais aussi ne pouvait endurer un blasphème ; et, s'il oyait jurer, il montrait un zèle avec dépit et pleurs, disant : « O misérable homme, misérable créature ! comment oses-tu ainsi prendre en vain le nom de Dieu et en abuser ? Si tu avais vu avec combien d'amertumes et de douleurs Notre-Seigneur a enduré pour toi et moi, tu aimerais mieux souffrir pour sa gloire, que de blasphémer son nom ! » Voilà ce que j'ai appris de Paul d'Eitzen et de plusieurs autres personnages dignes de foi, à Hambourg, avec autres circonstances. »

Cette lettre, dont rien ne constate l'authenticité, rappelle la plupart des circonstances du récit de l'archevêque arménien du treizième siècle. Elle remit en vogue la légende du Juif Errant, que l'on se figura voir passer dans tous les mendiants vagabonds qui demandaient l'aumône en récitant des prières et en psalmodiant des cantiques.

L'an 1575, Christophe Elsinger et Jacobus, envoyés par le duc de Holstein à Madrid, pour y réclamer le payement des gens de guerre que leur maître avait amenés, en 1571, au service du duc d'Albe, trouvèrent sur leur route le Juif Errant qui parlait bon espagnol, et qui se fit connaître pour ce qu'il était.

A quelques années de là, le Juif Errant, celui-ci ou un autre, entrait à Strasbourg, se présentait aux magistrats, et leur déclarait qu'il avait passé par leur cité deux cents ans auparavant, ce qui fut vérifié dans les registres de la ville : ce Juif-là parlait si bien allemand, qu'il dut expliquer cette particularité suspecte, en disant que, suivant la permission de Dieu, il entendait et parlait la langue locale, dès qu'il avait le pied dans un pays. Il ne demeura pas longtemps à Strasbourg, et il exprima le regret de n'y pouvoir plus revenir, puisque son pèlerinage serait terminé, quand il aurait parcouru les Indes occidentales, et que le Jugement dernier ne manquerait pas d'arriver.

Cependant le pauvre Juif Errant était encore en France, quoiqu'il en eût, dans le cours de l'année 1604. Deux gentilshommes, gascons probablement, qui se rendaient à la cour de Henri IV, y annoncèrent la venue du Juif, ou Cartaphilus, ou Joseph, ou Ahasverus, qu'ils avaient rencontré en chemin et avec lequel ils s'étaient entretenus de la passion de Jésus-Christ.

Cette nouvelle courut aussitôt d'un bout du royaume à l'autre.

Au mois d'octobre suivant, le savant jurisconsulte Pierre Louvet, qui venait d'ouïr la messe à l'église Notre-Dame de la Basse-Œuvre de Beauvais, aperçut auprès des tours de l'Évêché un vieillard, environné de plusieurs petits enfants auxquels il faisait des remontrances, parlant de la passion de Notre-Seigneur. On disait bien que c'était le Juif Errant, mais néanmoins on ne s'arrêtait pas beaucoup à lui, tant parce qu'il était simplement vêtu, qu'à cause qu'on le estimait un conteur de fables, n'étant pas croyable qu'il fût au monde depuis ce temps-là. »

Le docte Louvet, comme il le rapporte avec candeur dans son *Histoire de la ville et cité de Beauvais* (Rouen, 1614, in-8), n'osa pas s'approcher de ce mendiant et le questionner, de peur d'être taxé d'aveugle crédulité ; et le Juif Errant, qui ne faisait pas fortune à Beauvais, après une quête dans les maisons, se mit à exploiter les villages voisins, où il intéressa davantage la curiosité et la charité publique.

Il ne tarda pas à disparaître, et l'on imprima différentes relations, plus ou moins fantastiques, de son passage dans plusieurs provinces de France.

Comme son apparition avait coïncidé avec des tempêtes et des tourbillons de vent qui abattirent des clochers, brisèrent des arbres et dévastèrent les champs, on en conclut que le Juif Errant était voituré d'un lieu à l'autre par les ouragans ; et l'on exprima cette idée par une locution proverbiale, encore en usage aujourd'hui à l'occasion de ces coups de vent terribles qui s'élèvent soudain au milieu d'une atmosphère tranquille et par un beau jour d'été, remplissent l'air de nuage de poussière, et poussent d'effroyables sifflements, après lesquels la nature ébranlée reprend sur-le-champ son calme et sa sérénité : *C'est le Juif Errant qui passe*, disent, en se signant, les paysans de Bretagne et de Picardie.

La venue du Juif Errant en 1604 produisit, outre ce proverbe, une complainte historique qui était chantée sur le vieil air des *Dames d'honneur*, dans les veillées villageoises et dans les foires de campagne, jusqu'à ce qu'elle fût rajeunie, vers le milieu du siècle, par un poète de carrefour, qui n'a pas signé son œuvre, afin d'en laisser tout l'honneur à son devancier anonyme.

> Le bruit courant çà et là par la France,
> Depuis six mois, qu'on avait espérance
> Bientôt de voir un Juif qui est errant
> Parmi le monde, pleurant et soupirant.
>
> Comme, de fait, en la rue campagne,
> Deux gentilshommes, au pays de Champagne,
> Le rencontrèrent tout seul et cheminant,
> Non pas sans regret et en cheminant.
>
> De grandes chaînes il porte à la martin,
> Et une jupe comme à la florentine,
> l'a montrant, leur jusqu'au terre traînant ;
> Comme un autre homme, il est en demeurant.
>
> Ce que voyant, tous ils l'interrogèrent,
> D'où il venait, et ils lui demandèrent
> Sa nation, le métier qu'il tenait ;
> Mais cependant toujours il cheminait.
>
> « Je suis, dit-il, Juif de ma naissance,
> Et l'un de ceux qui par leur arrogance
> Considèrent le Sauveur des humains,
> Lorsque Pilate en fera ses deux mains. »
>
> Il dit aussi qu'il a tenu sans murmure
> Quand Jésus-Christ à cœur rempli avecee,
> Et qu'il le vit, de sa croix bien chargé,
> Et qu'à sa porte il s'était déchargé.

Lors, le Juif, par courroux, le repousse,
L'injuriant, et plusieurs fois le pousse,
En lui montrant le supplice apprêté
Pour mettre à mort sa grande majesté.

Notre-Seigneur bien forme le regard,
En lui disant : « À ceci prends bien garde :
Je reposerai et tu chemineras !
Partant, regarde ce que tu feras ! »

Tout aussitôt le Juif met à terre
Son petit-fils et s'encourt à grand'erre;
Mais il ne sut jamais en sa maison
Mettre les pieds, en aucune saison.

Hierusalem, le lieu de sa naissance,
Femme et enfants, il fut en sa puissance
Jamais de voir, ni pas ne sien parent;
Et, par le monde, s'en va errant.

De son métier, cordonnier il dit être;
Et, à le voir, il semble tout champêtre.
Il boit et mange avec sobriété,
Et est honnête selon la pauvreté.

Longtemps il fut au pays d'Arabie,
Et aux déserts de la triste Libye,
Et à la Chine, ou l'Asie Mineure,
Jadis l'Eden et du monde l'honneur.

Comme et semblable, en la stérile Afrique,
Au mont Liban, au royaume Persique,
Et au pays de l'odoreux Levant,
Toujours il va son chemin poursuivant.

Naguère étant à la haute Allemagne,
En Bavière, puis s'en va en Espagne,
Pour s'en aller les Anglais visiter,
En notre France puis après la Mer.

Pour être à bout de son pèlerinage
Et accomplir son déluré voyage,
Il n'a plus rien qu'un tiers de l'Occident,
Et quelques lieux, pour aller, Dieu aidant.

Tout cela fait, le jugement sa mère
Il faut à Dieu, en repassant se rendre,
Afin, dit-il, qu'entre les réprouvés,
Par ma mérite, vous ne soyez trouvés.

« Je fais, dit-il, les-bas pénitence;
Touché je suis de vraie repentance;
Je ne fais rien que d'aller travaillant
De pays en autre, demandant mon pain.

« Quand l'inclure je regarde et contemple,
Je crois que Dieu me fait servir d'exemple,
Pour témoignage sa mort et passion,
En attendant la résurrection. »

Cette complainte, qui mérite d'être conservée comme un précieux monument de poésie populaire, a fait place depuis à celle que l'on chante encore dans les foires et marchés, et qui est certainement antérieure au passage du Juif Errant à Bruxelles, le 22 avril 1774. Mais la complainte, que le docte Louvet n'a pas dédaigné de recueillir dans ses livres historiques, figure pour la première fois à la fin d'un opuscule (16 pages in-8), publié à Bordeaux en 1609, sous le titre : *Discours véritable du Juif Errant, lequel maintient avec paroles probables avoir resté présent à voir crucifier Jésus-Christ, et est demeuré en vie.* Cet opuscule, qui fut réimprimé plusieurs fois, se vendait dans les rues de Paris, où Pierre de l'Estoile l'acheta comme une *fadaise curieuse*. Le Juif Errant aurait pu l'acheter aussi, puisqu'elle ne coûtait que *deux sols*.

Les mêmes faits sont établis dans une lettre écrite en allemand sous le nom imaginaire de *Chrysostomus Dudulaeus* de Westphalie, et adressée en 1618 à un habitant de Reflel, lettre souvent réimprimée à cette époque comme une de ces feuilles volantes que les merciers ambulants portaient dans leurs balles et vendaient sur les places. Dans cette même lettre, il est dit que nombre de gens de qualité avaient vu le Juif en Angleterre, en France, en Italie, en Suède, en Perse et ailleurs. En 1599, selon Chrysostomus Dudulaeus, il était à Vienne en Autriche et il se dirigeait vers la Pologne et la Russie. En 1601, on l'avait rencontré à Lubeck, et, vers l'année 1613, il s'était montré quelques instants à Cracovie et à Moscou : là, on lui avait parlé, mais on n'avait pas obtenu qu'il prit un peu de nourriture.

En effet, comme il le dit en passant ou repassant à Lubeck, le 14 janvier 1603, suivant une note du jurisconsulte Colert, il n'avait ni bu, ni mangé, ni dormi, depuis seize siècles. Néanmoins, il eut pouvoir s'arrêter une heure, pour assister au sermon. Il disparut ensuite pendant plus de trente ans, et ne revient en Allemagne qu'en 1633 : il se fait voir à Hambourg, pour la seconde ou troisième fois, mais il se presse d'en sortir, en gémissant de ne trouver que des Juifs dans cette ville chrétienne. Plus tard, en 1642, il n'ira pas jusqu'à Hambourg et il recevra, dans les rues de Leipsick, autant d'aumônes qu'on voudra lui en donner. Il ne laisse dans cette ville que le souvenir d'un vilain mendiant.

C'est sans doute à un de ses voyages bien antérieurs dans les vallées de l'Elbe, que se rapporte une tradition qui y subsiste encore. Sur une des cimes les plus élevées des montagnes saxonnes, sur le Matterberg, aujourd'hui couronné de ruines, dont là jadis une ville florissante, dont le Juif Errant prophétisa en ces termes la destruction : « La première fois que je viens ici, j'y trouve une ville; la seconde fois que j'y viendrai, je n'y rencontrerai que des bois; et, à une troisième visite, je n'y apercevrai que neige et blocs de glace. »

Le Juif Errant était bien à Leipsick, en 1642, au dire de témoins oculaires, et pourtant, des personnes pieuses qui revenaient de Palestine en 1641 et 1643 avaient su, de très-bonne source, que le Juif Errant ne s'était jamais éloigné de Jérusalem et qu'il y était toujours prisonnier sous la garde des Turcs. (Voy. *Causeries et méditations*, par M. Magnin, t. I, p. 105.) Le malheureux Juif, enfermé dans un souterrain profond, n'avait pas d'autre récréation que de marcher sans cesse en long et en large entre quatre murs, sans rien dire, en se frappant la poitrine et en touchant la muraille avec sa main décharnée. Il avait encore son ancien costume romain, qui n'était pas trop usé pour avoir servi pendant plus de seize cents ans. Cette incroyable tradition fut rapportée d'Orient dès le règne de Henri IV, et le savant Pierre Louvet, qui l'entendit conter à la cour de la reine Marguerite de Valois, n'oublia pas de lui donner place dans son Histoire de Beauvais, sans toutefois en garantir l'authenticité. On avait publié à Turin, dès les premières années du dix-septième siècle, un petit opuscule qui semble traduit de l'italien et qui a pour titre : *Relation d'un gentilhomme arrivé de Jérusalem, dans laquelle on apprend où est le malheureux qui donna le soufflet à Jésus-Christ, et la pénitence qu'il y fait.*

En tous cas, ce n'est pas ce malheureux-là que deux bourgeois de Bruxelles rencontrèrent, en 1640, dans la forêt de Soignes : « Il était couvert d'un costume extrêmement délabré et taillé d'après des modes fort antiques, » dit le savant Gustave Brunet, de Bordeaux, dans sa *Notice historique et biblio-graphique sur la légende du Juif Errant* (Paris, Techener, 1845, in-8 de 19 pages); il entra avec eux dans une auberge, il y but, mais sans vouloir s'asseoir; il leur raconta son histoire, leur dit qu'il se nommait Isaac Laquedem, et les quitta, les laissant grandement effrayés. »

Ces deux bourgeois furent peut-être les auteurs d'une brochure ayant pour titre : *Histoire admirable du Juif Errant*, qui parut en Belgique vers cette époque et dont les éditions originales n'existent plus, mais qui n'a pas cessé d'être réimprimée depuis, tous les ans, avec des additions et des variantes, soit à Rouen, soit à Épinal, soit à Troyes, etc. Elle fut incorporée alors dans la célèbre *Bibliothèque bleue*. Nous ne croyons pas devoir l'analyser ici : les merveilleuses aventures qu'elle contient ne s'accordent pas trop avec la légende primitive; c'est l'œuvre d'un romancier, qui a fait des frais d'imaginative en décrivant les voyages de son héros dans les quatre parties du monde. Mais elle est suivie d'un *cantique*, qui se réimprime encore aujourd'hui avec la brochure, dont le titre a été complété ainsi : *Histoire admirable du Juif Errant, lequel depuis l'an 33 jusqu'à l'heure présente ne fait que marcher : contenant sa tribu, sa punition, les aventures admirables qu'il a eues dans tous les endroits du monde.* M. Charles Nisard, dans son précieux ouvrage sur les livres populaires et la littérature du colportage depuis le quinzième siècle, n'a eu garde de laisser de côté l'*Histoire admirable du Juif Errant* (t. I, p. 555 et suiv.), et il en a cité autant qu'il en faut pour la faire bien connaître; il a seulement passé sous silence le *cantique*, qui n'est qu'une faible et pâle réminiscence de la première complainte; le voici, sur l'air de *saint Eustache* :

Grand Dieu du ciel et du tout l'Univers,
Quand finiront mes tourments et mes peines?
Qu'en cheminant les campagnes désertes,
Une grande lassitude me plaît !

À bon droit on me nomme Juif Errant,
Car je marche jour et nuit sans cesse,
Sur terre et sur mer semblablement,
Sans qu'aucun lieu jamais je ne m'arrête.

Ces jours derniers, étant près de Poitiers,
Une des plus grandes villes de France,
Ta bonne aventure pour me parler,
Voyant mon habit et aussi ma contenance.

Je lui ai dit : « Je ne puis m'arrêter,
Pour vous parler, car le chemin me presse;
Mais, en passant, je puis vous assurer
Que je suis ce Juif qui chemine sans cesse. »

Dans Jérusalem, j'étais un cordonnier;
Lorsque Jésus voulut d'ailleurs alterer
Sur ma boutique un peu se reposer,
Portant sa croix vers le mont du Calvaire.

Je lui ai dit : « Retire-toi d'ici! »
Jésus me dit, voyant mon humeur fière :
« Jusqu'au jugement tu chemineras,
Et moi je reposerai dans ma pleine. »

Alors je pris trois paires de sandales,
Le mettant à ma ceinture, je lève,
Cinq sols, un bâton en la main,
Sors de chez moi sans aucune trêve.

Depuis ce temps-là, je suis en tourment,
En tournillant cette machine ronde,
Sans y pouvoir trouver soulagement
D'aucune nation qui soit au monde.

Buvant, mangeant, je suis délivré;
Je ne puis me reposer à nulle place :
Si j'eusse cru le Sauveur, comme vous,
Je ne serais point dans cette disgrâce.

Si j'avais su que, pour mon souvenir,
Être fouetté et couronné d'épines,
À conduire à la mort heureusement,
J'aurais adoré sa puissance divine.

Hélas! hélas! où avais-je les yeux,
De faire une action si téméraire,
Que de chasser ainsi le Roi des cieux,
En lui traitant ce propos de colère?

Tous les chrétiens qui sont en ces bas lieux,
Qui ne veulent point à leur salut faire,
Faisant mépris des effets du grand Dieu,
Sentiront un jour sa juste colère.

Amendez-vous, pécheurs, sauvez-vous;
Songez à l'état de vos conscience;
Afin d'apaiser de Dieu la colère,
Disposez-vous à faire pénitence !

L'apparition du Juif Errant dans la forêt de Soignes, en 1640, avait fait beaucoup de bruit en Europe, et l'on s'attendait à le voir reparaître successivement dans les villes d'Allemagne qu'il affectionnait, puisqu'il y était venu deux et trois fois depuis le commencement du siècle; mais il ne se montra qu'à Leipsick en 1642, comme nous l'avons dit, et nulle part ailleurs son passage ne fut signalé pendant le reste du siècle, quoique les écoliers des universités germaniques s'apprêtassent à lui faire fête et à lui verser à boire. On s'entretenait souvent du bon Juif sur les bancs des écoles, et plus d'une fois, son histoire servit de texte à des dissertations et à des thèses qui empruntaient du sujet même un piquant attrait de singularité. Martin Droscher fit imprimer : *De duobus testibus vivis Passionis Christi* (Iena, 1668, in-4°); J. Frentzel, sous le pseudonyme de *G. Thilo*, publia, la même année : *De Judæo immortali* (Wittemberga, 1668, in-4°); Martin Schmied, sous le pseudonyme de *Ch. Schultz*, mit au jour, en 1689, une dissertation qui eut cinq ou six éditions : *Dissertatio historica de Judæo non mortali* (Regiom., 1689, 1693, 1698, 1711, in-4°). « Le plus singulier de ces ouvrages, dit M. Gustave Brunet, c'est celui de Droscher; cet érudit, regardant le fait comme incontestable, prétend établir qu'Ahasverus et Cartaphilus sont deux personnages distincts et séparés; il combat de son mieux pour l'existence de deux Juifs Errants. »

Mais ces savantes dissertations n'invitèrent pas l'un et l'autre Juif Errant à se manifester dans notre hémisphère, avant la seconde moitié du dix-huitième siècle : il voyageait sans doute en Amérique ou dans quelque sixième partie du monde à nous encore inconnue. C'est en 1774, le 22 avril, à six heures du soir (la date est très-exactement enregistrée sur plusieurs millions d'images gravées en bois et coloriées), que le Juif Errant passa par Bruxelles *en Brabant*. Le récit de son passage dans cette ville ne se trouve authentiquement consigné que dans la complainte qui fut mise en vogue lors de cette apparition mémorable, la dernière qui ait préoccupé l'Europe. Les *bourgeois de la ville*, qui n'avaient jamais eu l'avantage de voir *un homme si barbu*, esquissèrent sans doute son portrait d'après nature, portrait que les imagiers d'Épinal, de Metz, de Montbéliard, de Nancy et de Troyes ont reproduit, avec d'incroyables variantes, en tête de cette complainte *nouvelle*, que nous savons tous par cœur, nous autres vieilles gens, pour l'avoir entendue cent fois dans notre enfance, et qui a définitivement détrôné l'ancienne complainte et l'ancien cantique; la voici, revue, corrigée et non augmentée, avec sa vieille musique :

COMPLAINTE DU JUIF ERRANT

Accompagnement de piano par ERNEST DORÉ.

Est-il rien sur la terre,
Qui soit plus surprenant
Que la grande misère
Du pauvre Juif-Errant?
Que son sort malheureux
Paraît triste et fâcheux!

Un jour, près de la ville
De Bruxelle en Brabant,
Des bourgeois fort dociles
L'accostèrent en passant;
Jamais ils n'avaient vu
Un homme si barbu.

Son habit, tout difforme
Et très-mal arrangé,
Leur fit croire que cet homme
Était fort étranger,
Portant, comme ouvrier,
Devant lui tablier.

Ils dirent: «Bonjour, maître!
De grâce, accordez-nous
La satisfaction d'être
Un moment avec vous;
Ne nous refusez pas,
Tardez un peu vos pas.»

— «Messieurs, je vous proteste
Que j'ai bien du malheur;
Jamais je ne m'arrête,
Ni ici ni ailleurs;
Par beau ou mauvais temps,
Je marche incessamment.»

— «Entrez dans cette auberge,
Vénérable vieillard,
D'un pot de bière fraîche
Vous prendrez votre part;
Nous vous régalerons
Le mieux que nous pourrons.»

— «J'accepterais de boire
Deux coups avecque vous;
Mais je ne puis m'asseoir,
Je dois rester debout,
Je suis, en vérité,
Confus de vos bontés.»

— «De savoir votr'grand âge,
Nous serions curieux;
À voir votre visage,
Vous paraissez fort vieux;
Vous avez bien cent ans,
Vous montrez bien autant?»

— «La vieillesse me pèse:
J'ai bien dix-sept cents ans;
Chose sûre et certaine,
Je passe encore trente ans;
J'avais douze ans passés,
Quand Jésus-Christ est né.»

— «N'êtes-vous point cet homme
De qui l'on parle tant,
Que l'Écriture nomme
Isaac, Juif-Errant?
De grâce, dites-nous
Si c'est sûrement vous?»

— «Isaac Laquedem,
Pour nom me fut donné;
Né à Jérusalem,
Ville bien renommée;
Oui, c'est moi, mes enfants,
Qui suis le Juif-Errant.»

— «Juste ciel! que ma ronde
Est pénible pour moi:
Je fais le tour du monde
Pour la cinquième fois;
Chacun meurt à son tour,
Et moi je vis toujours.»

— «Je traverse les mers,
Rivières et ruisseaux,
Les forêts, les déserts,
Montagnes et coteaux,
Les plaines, les vallées:
Tous chemins me sont bons.»

«J'ai vu, dedans l'Europe,
Aussi que dans l'Asie,
Des batailles et des chocs
Qui coûtaient bien des vies:
Je les ai traversés,
Sans y être blessé.»

«J'ai vu, dans l'Amérique,
C'est une vérité,
Aussi que dans l'Afrique,
Grande mortalité:
La mort ne me peut rien,
Je m'en aperçois bien.»

«Je n'ai point de ressource
En maison, ni en lieu;
J'ai cinq sous dans ma bourse,
Voilà tout mon avoir:
En tous lieux, en tout temps,
J'en ai toujours autant.»

— «Nous prenions comme un songe
Le récit de vos maux;
Nous traitions de mensonge
Tous vos plus grands travaux!...
Aujourd'hui nous voyons
Que nous nous méprenions.

» Vous étiez donc coupable
De quelque grand péché,
Pour que Dieu, tout aimable,
Vous eût tant affligé?
Dites-nous l'occasion
De cette punition?»

— «C'est ma cruelle audace
Qui cause mon malheur;
Si mon crime s'efface,
J'aurai bien du bonheur!
J'ai traité mon Sauveur
Avec trop de rigueur.

» Sur le mont du Calvaire,
Jésus portait sa croix;
Il me dit d'un bon air,
Passant devant chez moi:
— «Veux-tu bien, mon ami,
» Que je repose ici?»

» Moi, brutal et rebelle,
Je lui dis sans raison:
— «Ôte-toi, criminel,
» De devant ma maison!
» Avance et marche donc,
» Car tu me fais affront.»

» Jésus, la bonté même,
Me dit en soupirant:
— «Tu marcheras toi-même
» Pendant plus de mille ans;
» Le dernier jugement
» Finira ton tourment.»

» De chez moi, à l'heure même,
Je sortis, bien chagrin;
Avec douleur extrême,
Je me mis en chemin;
Dès ce jour-là, je suis
En marche jour et nuit.

» Messieurs, le temps me presse:
Adieu la compagnie!
Grâce à vos politesses,
Je vous en remercie.
Je suis trop tourmenté,
Quand je suis arrêté!»

Cette complainte, malgré son style grossier et incorrect, offre pourtant une composition remarquable, empreinte d'un profond sentiment de mélancolie, et quelquefois solennelle dans sa plus naïve expression. C'est là une de ces œuvres primitives, simples et touchantes, que le peuple garde religieusement, comme les vestiges d'une tradition qui s'efface et qui sera tout à l'heure anéantie.

Depuis que le Juif Errant a conté lui-même son histoire aux bourgeois *fort dociles* qui voulaient le retenir en Brabant, il ne s'est pas montré ailleurs, et l'on est autorisé à penser qu'il voyage aux Indes occidentales et que la fin du monde approche. Il paraît qu'en 1774 il avait encore changé de nom et qu'il se faisait appeler *Isaac Laquedem*, au lieu de *Cartaphilus*, de *Joseph* et d'*Ahasverus*. Nous ignorons le nom qu'il porte à présent et la langue qu'il parle.

Le Juif Errant, depuis quatre-vingts ans, n'a pas daigné se faire voir dans notre vieux monde qu'il connaît sans doute assez, et qui peut-être l'enfermerait dans une maison de correction, comme prévenu de vagabondage et de mendicité. Mais la littérature et la poésie ne lui ont pas laissé de repos et l'ont promené sans pitié sur toutes les scènes de théâtre, sur tous les étalages de librairie : on compterait plus de dix pièces françaises représentées sous le titre du *Juif Errant*, depuis le mélodrame de Caigniez, joué à la Gaieté en 1812, jusqu'au grand opéra de MM. Scribe et Saint-Georges, mis en musique par M. Halévy, à l'Académie impériale de musique, en 1852; on compterait plus de dix poèmes consacrés à la même épopée, entre lesquels il faut distinguer l'œuvre mystique de M. Edgar Quinet. Mais la plus grande, la plus populaire, la plus philosophique, la plus poétique de toutes ces compositions inspirées par la légende du Juif Errant, c'est la chanson de notre Béranger. Cette chanson, cette ode, cette méditation, doit survivre à toutes les complaintes et à tous les cantiques que nous ont légués nos pères, témoins oculaires des merveilleuses pérégrinations du Juif Errant. Quant à l'ancienne musique, elle a été remplacée par un air nouveau, dont l'auteur, M. Ernest Doré, a puisé ses inspirations dans les tableaux du peintre et dans les vers du poète. Écoutons la muse de Béranger qui chante :

LE JUIF ERRANT

BALLADE POUR VOIX DE BASSE

Poésie de P.-J. de BÉRANGER.
(Publiée avec autorisation de M. Perrotin.)

A M. LEVASSEUR.

Musique d'ERNEST DORÉ (Op. 10).
(Publiée avec autorisation de MM. Brandus et Cie.)

Chrétien, au voyageur souffrant,
Tends un verre d'eau sur ta porte;
Je suis, je suis le Juif-Errant,
Qu'un tourbillon toujours emporte.
Sans vieillir, accablé de jours,
La fin du monde est mon seul rêve.
Chaque soir, j'espère toujours,
Mais toujours le soleil se lève.
    Toujours, toujours,
Tourne la terre où moi je cours,
Toujours, toujours, toujours, toujours!

Depuis dix-huit siècles, hélas!
Sur la cendre grecque ou romaine,
Sur les débris de mille États,
L'affreux tourbillon me promène.
J'ai vu sans fruit germer le bien,
Vu des calamités fécondes;
Et, pour survivre au monde ancien,
Des flots j'ai vu sortir deux mondes...
    Toujours, toujours,
Tourne la terre où moi je cours,
Toujours, toujours, toujours, toujours!

Dieu m'a changé pour me punir:
A tout ce qui meurt je m'attache;
Mais, du toit prêt à me bénir,
Le tourbillon soudain m'arrache.
Plus d'un pauvre vient implorer
Le denier que je puis répandre,
Qui n'a pas le temps de serrer
La main qu'en passant j'aime à tendre...
    Toujours, toujours,
Tourne la terre où moi je cours,
Toujours, toujours, toujours, toujours!

Seul, au pied d'arbustes en fleurs,
Sur le gazon, au bord de l'onde,
Si je repose mes douleurs,
J'entends le tourbillon qui gronde.
Eh! qu'importe au ciel irrité
Cet instant passé sous l'ombrage?
Faut-il moins que l'éternité,
Pour délasser d'un tel voyage!...
    Toujours, toujours,
Tourne la terre où moi je cours,
Toujours, toujours, toujours, toujours!

Vers des enfants vifs et joyeux,
Des enfants me retracent l'image,
Si j'en veux repaître mes yeux,
Le tourbillon souffle avec rage.
Vieillards, osez-vous à tout prix
Ravir ma longue carrière?
Ces enfants à qui je souris,
Mon pied balaiera leur poussière...
    Toujours, toujours,
Tourne la terre où moi je cours,
Toujours, toujours, toujours, toujours!

Des murs où je suis né jadis,
Retrouvé-je encor quelque trace:
Pour m'arrêter, je me roidis;
Mais le tourbillon me dit: «Passe!
Passe!» Et la voix me crie aussi:
«Hâte-toi, quand tout succombe:
Tes aïeux ne t'ont point ici
Gardé de place dans leur tombe!»
    Toujours, toujours,
Tourne la terre où moi je cours,
Toujours, toujours, toujours, toujours!

J'outrageai d'un rire inhumain
L'Homme-Dieu respirant à peine...
Mais sous mes pieds fuit le chemin:
Adieu, le tourbillon m'entraîne.
Vous qui manquez de charité,
Tremblez à mon supplice étrange:
Ce n'est point sa divinité,
C'est l'humanité que Dieu venge...
    Toujours, toujours,
Tourne la terre où moi je cours,
Toujours, toujours, toujours, toujours!

Un poëte allemand, Schubart, a pris en pitié la destinée errante du malheureux Ahasverus, et il a imaginé de le faire mourir dans cette *rapsodie* lyrique, où la légende est montée au ton de la plus haute poésie. C'est un bon poète aussi, c'est Gérard de Nerval, qui a traduit en français ce magnifique tableau de la mort du Juif Errant :

« Ahasver se traîne hors d'une sombre caverne du Carmel. Il y a bientôt deux mille ans, qu'il erre sans repos, de pays en pays. Le jour que Jésus portait le fardeau de la croix, il voulut se reposer un moment devant la porte d'Ahasver; hélas! celui-ci s'y opposa et chassa durement le Messie. Jésus chancelle et tombe sous le faix, mais il ne se plaint pas.

« Alors l'Ange de la mort entra chez Ahasver et lui dit d'un ton courroucé : « Tu as refusé le repos « au Fils de l'homme... Eh bien! monstre, plus de repos pour toi, jusqu'au jour où le Christ re-« viendra! »

« Un noir démon s'échappa soudain de l'abîme et se mit à le poursuivre, Ahasver, de pays en pays... Les douceurs de la mort, le repos de la tombe, tout cela depuis t'est refusé!

« Ahasver se traîne hors d'une sombre caverne du Carmel... Il secoue la poussière de sa barbe, saisit un des crânes entassés là et le lance du haut de la montagne : le crâne saute, rebondit et se brise en éclats : — « C'était mon père! » s'écrie le Juif. Encore un... Ah! six encore s'en vont bondir de roche en roche... — « Et ceux-ci... et ceux-ci? rugit-il, les yeux ardents de rage. Ceux-ci, ce sont mes femmes! » Ah! les crânes roulent toujours. — « Ceux-ci... et ceux-ci, ce sont les crânes de mes enfants! Hélas! ils ont pu mourir! Mais moi, maudit, je ne le puis pas!... L'effroyable sentence pèse sur moi pour l'éternité!

« Jérusalem tomba... J'écrasai l'enfant à la mamelle; je me jetai parmi les flammes; je maudis le Romain dans sa victoire. Hélas! hélas! l'infatigable malédiction me protégea toujours, et je ne mourus pas. Rome la géante s'écroulait en ruines, j'allai me placer sous elle : elle tomba... sans m'écraser! Sur ses débris, des nations s'élevèrent et finirent à mes yeux... Moi, je restai et je ne pus finir!

« Du haut d'un rocher qui régnait parmi les nuages, je me précipitai dans le gouffre des mers; mais bientôt les vagues frémissantes me roulèrent au bord, et le trait de feu de l'existence me perça de nouveau. Je mesurai des yeux le sombre cratère de l'Etna, et je m'y jetai avec fureur. Là, je brûlai dix mois parmi les géants, et mes soupirs fatiguèrent le gouffre sulfureux; hélas! dix mois entiers! Cependant l'Etna fermenta et puis me revomit parmi des flots de lave : je palpitai sous la cendre et je me remis à vivre.

« Une forêt était en feu, je m'y élançai bien vite : toute sa chevelure dégoutta sur moi en flam-mèches; mais l'incendie effleura mon corps et ne put pas le consumer. Alors je me mêlai aux des-tructeurs d'hommes; je me précipitai dans la tempête des combats. Je défiai le Gaulois, le Germain... Mais ma chair émoussait les lances et les dards; le glaive d'un Sarrasin se brisa en éclats sur ma tête; je vis longtemps les balles pleuvoir sur mes vêtements, comme des pois lancés contre une cuirasse d'airain. Les tonnerres guerriers serpentèrent sans force autour de mes reins, comme autour d'un roc crénelé qui s'élève au-dessus des nues.

« En vain l'éléphant me foula sous lui; en vain le cheval de guerre irrité m'assaillit de ses pieds armés de fer. Une mine chargée de poudre éclata et me lança dans les nues : je retombai tout étourdi et à demi brûlé, et je me relevai, parmi le sang, les cervelles et les membres mutilés de mes com-pagnons d'armes.

« La masse d'acier d'un géant se brisa sur moi; le poing du bourreau se paralysa en voulant me saisir; jamais lion affamé ne put me déchirer dans le cirque. Je me couchai sur des serpents veni-meux; je tirai le dragon par sa crinière sanglante : le serpent me piqua, et je ne mourus pas! Le dragon s'enlaça autour de moi, et je ne mourus pas!

« J'ai bravé les tyrans sur leurs trônes; j'ai dit à Néron : « Tu es un chien ivré de sang! » A Christiern : « Tu es un chien ivre de sang! » A Muley-Ismaël : « Tu es un chien ivre de sang! » Les tyrans ont inventé les plus terribles supplices : tout fut impuissant contre moi!

« Hélas! ne pouvoir mourir! ne pouvoir mourir! Ne pouvoir reposer ce corps épuisé de fatigue! Traîner sans fin cet amas de poussière avec sa couleur de cadavre et son odeur de pourriture! Con-templer des milliers d'années l'Uniformité, ce monstre à la gueule béante, le Temps fécond et affamé qui produit sans cesse et sans cesse dévore ses créatures!

« Hélas! ne pouvoir mourir! ne pouvoir mourir! O colère de Dieu! pouvais-tu prononcer un plus effroyable anathème? Eh bien! tombe enfin sur moi comme la foudre! précipite-moi des rochers du Carmel! Que je roule à ses pieds, que je m'agite convulsivement et que je meure! »

« Ahasver tomba. Les oreilles lui tintèrent, et la nuit descendit sur ses yeux aux cils hérissés. Un ange le reporta dans la caverne.

« « Dors maintenant, Ahasver, dors d'un paisible sommeil; la colère de Dieu n'est pas éternelle! A ton réveil, il sera là, Celui dont à Golgotha tu vis couler le sang, et dont la miséricorde s'étend sur toi comme sur tous les hommes! »

Est-ce encore là une allégorie? Schubart réclame-t-il le pardon et l'oubli en faveur du déicide qui pèse sur les Juifs? demande-t-il au monde chrétien de permettre enfin que cette nation errante retourne dans le pays de ses ancêtres, et se repose enfin après dix-huit siècles d'épreuves et de persé-cutions?

Cette pièce lyrique n'est plus la pieuse et naïve complainte que les pèlerins du moyen âge répé-taient d'une voix traînante et plaintive, en étalant aux yeux de la foule émerveillée les reliques ou *rogatons* qu'ils disaient rapporter de Rome ou de Jérusalem : c'est une admirable méditation de la philosophie religieuse sur les mystères de la vie humaine; c'est un élan de l'âme vers le ciel, c'est une consolante pensée de la mort.

LE JUIF ERRANT

PROLOGUE

La goutte de rosée à la pointe de l'herbe
Reflète le soleil; les épis dans la gerbe
Recèlent des trésors, formés par les rayons
Dont l'ardeur fécondante a jauni les sillons;
Et le cerveau de l'homme, en ses petites cases,
S'il s'allume au foyer des célestes extases,
Conçoit, couve, mûrit, et fait éclore au jour
L'œuvre d'art, fruit doré par les feux de l'amour.
Sur le chaume le grain, sur le pommier la pomme,
Sont moins beaux que le fruit, né du cerveau de l'homme
Un enfant se promène, un jour que le soleil
Sur la création tend son réseau vermeil;
Baigné dans la lumière, il voit et s'extasie;
Il hume à pleins poumons l'art et la poésie.
Des objets animés qui frappent ses regards,
Montent à son cerveau les fluides épars:
Ils filtrent dans son sang, et jusqu'à sa jeune âme
Apportent l'aliment de la céleste flamme.
Aussi, le voyez-vous, dans la nuit, sommeiller?
L'ange des visions est à son oreiller;
Sous ses tempes de marbre, un monde abstrait fermente;
Sa pensée est éclose et déjà le tourmente.
Des soupirs, prolongeant la respiration,
Trahissent les combats de l'inspiration:
Il sent sur ses cheveux la baguette des fées;
Son rêve se traduit en notes étouffées;
Il se lève, géant, et s'élance à grands pas.
Somnambule éveillé, vous ne le suivrez pas:
Il grimpe, s'accrochant à quelque noire goule,
Sur la flèche gothique, et de là voit la foule
Aller, venir, grouiller, comme noires fourmis;
Il n'y distingue plus les parents, les amis;
Il plane dans l'éther; d'un coup d'aile sublime,
Il irait disputer aux aigles une cime.
Il prend un bain de neige aux flancs bleus du glacier,
Et s'y trempe bouillant comme un outil d'acier.

Du cheval de Roland ou du fougueux Pégase,
Dépassant le galop au vol de son extase,
Il va jusqu'à la source où se forment les eaux,
Les tempêtes, la foudre; où meurent les oiseaux;
Et soudain, s'abaissant des sommets aux collines,
Il revient par degrés aux modestes ravines,
Vers l'humble cheminée, où son repas frugal
A son grand appétit offre un joyeux régal.
Telle, ayant dépassé l'aire où sont les nuages,
L'alouette s'abat, étages par étages,
Jusques au sillon d'or qui lui donne le blé.
Tel redescend l'artiste après s'être envolé;
Il prend la nourriture à son corps nécessaire,
Puis s'incline au travail pour gagner son salaire,
Car le plus grand artiste est encore ouvrier.
Seulement, le génie ennoblit le métier.
Ne vous arrêtez pas, d'un regard de myope,
Aux vulgaires détails de son obscure échoppe:
Une table en bois blanc, des livres, des couleurs,
Une carte, un compas, un verre d'eau, des fleurs!...
Les outils, les crayons, l'encre, enfin la matière,
Y sont les instruments d'où jaillit la lumière.
Une vive pensée allume le fourneau:
Il en jaillit l'éclair, le chef-d'œuvre nouveau.
L'œuvre de la nature, éternellement belle,
Aux yeux émerveillés change et se renouvelle.
L'artiste reproduit ces divers changements
Et mêle à ces beautés l'or de ses sentiments.
Il fait durer par là de rapides images
Qui s'évanouissaient: les flots et les nuages,
Les nuances de l'air, les couleurs des saisons,
Les feuillages des bois, les lointains horizons,
La verdure des prés qui varie à toute heure,
Les plans que l'ombre estompe ou que le jour effleure;
L'artiste fait revivre, anime et rend plus grands
Des tableaux qui sans lui seraient indifférents.

Il ordonne le groupe, il arrête la pose,
Il imprime l'élan, il combine, il compose :
La nature est le fond ; ruminant ou bêlant,
Avance le troupeau ; l'homme est au premier plan,
Méditant, défrichant la terre ou la science :
Son cœur cède à l'amour ou poursuit sa vengeance.
L'homme, dans le visage, a la mobilité ;
Chacun des traits exprime ou malice ou bonté ;
C'est le beau... c'est le laid... Et la femme, quel thème !
Caméléon divin, plus on va, plus on l'aime.
Ignorante, elle apprend à qui lit dans ses yeux
Mille secrets du cœur, profonds, mystérieux,
Qui de l'artiste obscur, non moins ignorant qu'elle,
Font un devin sublime en qui Dieu se révèle.

Celui qui de cette œuvre a conçu le dessin,

Et de ses rêves d'or éparpillé l'essaim
Dans ce fouillis vivant d'art et de fantaisie,
Où le suit pas à pas, de loin, ma poésie,
Celui-là, jeune encore, et déjà des premiers,
Marche et serre de près ses fameux devanciers.

Géants du moyen âge et de la renaissance,
Dont chaque nouveau siècle atteste la puissance,
Albert Dürer, Cranach, Rubens, Rembrandt, Callot !
Au ciel profond de l'art, un nouvel astre éclôt...
Qu'il épande une douce et paisible lumière
Sur notre nation, de ses armes si fière !
La guerre, au nom du droit, est un fait glorieux ;
Les triomphes de l'art attristent moins les yeux ;
Ils coûtent moins de sang... Pourtant, quand l'œuvre existe,
On peut dire : « C'est l'âme et le sang de l'artiste ! »

POËME

[i] Lorsque Jésus gravissait le Calvaire,
Plus accablé des crimes de la terre
Que de sa croix, sur un modeste seuil
Il voit un Juif, qui donnait son coup d'œil
A ce spectacle, et semblait s'y complaire.
Or, la légende en fait un cordonnier.
Jésus succombe, et veut l'apitoyer :
« Que sur ton seuil au moins je me repose! »
Soit dureté, peur, ou toute autre cause,
Le Juif refuse... Il va bien l'expier!

Jésus se tourne, et de son beau visage,
Dont le soleil n'est qu'une pâle image,
Éblouissant le cortége atterré,
Il dit au Juif, d'un air transfiguré :
« Tu vas partir pour un lointain voyage;
» Quitte les tiens, passe les monts, les mers,
» Sans t'arrêter, des cités aux déserts,
» En nul endroit, pas même dans la tombe...
» Quand je t'implore, il faut que je succombe!
» Tu vas servir d'exemple à l'univers.

» Traînant partout le poids de ma sentence,
» Tu rêveras la mort, ta délivrance,
» Et ne mourras qu'au jugement dernier! »
On montre au doigt le pauvre cordonnier.
Juges, bourreaux, soldats et vile engeance,
Petits et grands, vulgaire curieux,
Arrivés là pour repaître leurs yeux
Du sang du Christ et de son agonie,
Ont pressenti la justice infinie :
Les plus cruels sont déjà soucieux.

[ii] Il est parti par la pluie et l'orage.
Sa barbe blanche est signe de grand âge;
A chaque siècle, on dit qu'il rajeunit.
Sa marche est longue, et jamais ne finit;
Il n'use pas son bâton de voyage,
Aux carrefours des rustiques chemins...
Des clous aux pieds et des clous dans les mains,
Le flanc saignant et le front ceint d'épines,
Le Christ lui dit : « Il faut que tu chemines,
» Tant que les jours auront des lendemains. »

Sur la hauteur, une flèche gothique,
Emblème saint du culte catholique,
Donne l'éveil à son cœur endurci;
Sa face pâle exprime un noir souci :
On voit briller, sous sa paupière oblique,
Comme un saphir, son œil incandescent;
Sa lèvre mince est comme un trait de sang;
Son nez s'aiguise en dure silhouette;
Chauve et tout blanc, son crâne de squelette
Monte à la nuque et vers le front descend.

Quant à l'habit : chausses à la marine,
Manteau qui tombe et jupe florentine
En grosse laine, et sans linge dessous.
Dans un vieux sac, il a toujours cinq sous.
L'accoutrement encadre bien la mine.
On l'a nommé, dans différents pays,
Cartaphilus, Ahasvérus; depuis,
C'est Isaac Laquedem; nos villages
Portent ce nom écrit sur des images
Où d'Épinal brille le coloris.

[III] Or, sur le soir, il arrive à Bruxelles.
Un fleuve accru du flot noir des ruelles
Emplit la place; oisons et curieux,
Devant sa barbe, écarquillent leurs yeux;
Car elle est ample et remémore celles
Qu'avaient Moïse, Abraham, Aaron.
Un âne passe et la prend, sans affront,
Pour foin en botte, et la broute de même.
Le Juif Errant, sous cette barbe, est blême,
Et ses yeux gris semblent trouer son front.

Ladite barbe est épaisse, mêlée,
Et, qui plus est, par les Parques filée;
On en ferait des voiles de vaisseaux
A traverser dix fois les grandes eaux;
Tous les cent ans, rêvez-la décuplée,
Comptez les poils, ajoutez-les entre eux,
Et vous pourrez escalader les cieux :
Tous les cent ans, vous avez dix échelles!...
Mais revenons au plus vite à Bruxelles,
Où les bourgeois sont émus et joyeux.

Les Pays-Bas sortaient de grande peine;
L'oppression semblait déjà lointaine :
A flots pourtant le sang avait coulé,
Les factions avaient tout désolé.
On respirait, on oubliait la gêne;
Le Juif Errant reçut un bon accueil :
Les plus petits le voyaient d'un bon œil;
Tous les archers se rangeaient; un notable,
Le dos plié, lui dit : « Voyez la table;
» La bière est fraîche, il faut passer le seuil. »

[IV] Or, il conta sa lamentable histoire :
Le fil des temps, roulé dans sa mémoire,
Se dévida comme sur un fuseau,
Et son récit, planant à vol d'oiseau,
Des temps passés éclairait la nuit noire.
Tous l'écoutaient avec recueillement;
Comme l'aiguille attirée à l'aimant,
A son discours l'attention s'attache.
Mais sur son front apparaît une tache :
Le sang du Christ, visible châtiment!

Chaque journée, à son expérience,
Ajoute un fait : c'est un puits de science.
Historien sans amour et sans fiel,
Seul véridique, étant si peu mortel,
On ne peut pas acheter son silence.
Il ne sait rien flatter ni ménager,
Il a tout vu, tout entendu juger;
Sa voix fait loi devant la multitude,
N'étant pas douce et n'étant pas trop rude;
Et, quand tout change, il ne peut pas changer.

A ses récits la foule s'intéresse.
Les brocs vidés, on rappelle l'hôtesse;
Au bon moment, voilà qu'il veut partir!
Le flot joyeux l'empêche de sortir;
Maint bon bourgeois autour de lui s'empresse :
« La bière est fraîche, et vous avez un lit
» Où de vos maux vous trouverez l'oubli;
» Reposez-vous, après tant de fatigues. »
La Bruxelloise au Bruxellois se ligue...
Il faut partir, son destin s'accomplit.

[V] Il chemina vers les Vosges altières,
Dont le flanc porte et nourrit sept rivières
Qui vont de là, coulant jusques au Rhin,
Au Rhône bleu, jusques au flot marin.
Il vit leur source au sein des fondrières,
Et visita maint donjon féodal
Flanqué de tours, dominant, colossal,
Les noirs sapins qui revêtent ces pentes...
Sol qui s'éboule, herbes, mousses glissantes,
Rien n'interrompt son pas toujours égal.

Les ponts-levis devant lui s'abaissèrent;
Et, si les tours d'armes se hérissèrent,
S'il rencontra quelques gens inquiets,
Devant sa barbe ils restèrent muets :
A son aspect, les piques s'inclinèrent.
Tous écoutaient avec componction
Ses beaux récits touchant la Passion.
La châtelaine a prolongé sa veille,
Sans plus broder, jusqu'à l'aube vermeille;
Les sanglots seuls coupent l'attention.

Il s'arrachait de force à ces hommages,
Pour s'en aller, comme font les nuages
Au moindre souffle, et, jusque sur les eaux,
Devant ses yeux flottaient mille tableaux
Accusateurs de lugubres images :
Jésus, courbé sous sa pesante croix,
Se retournant, lui dit comme autrefois :
« De votre seuil, que je touche la pierre! »
Le Juif Errant fait un pas en arrière :
Il reconnaît et la face et la voix.

[VI] Il entre un soir, seul, dans un cimetière.
Le deuil s'est fait dans la nature entière,
Et les flambeaux célestes sont éteints.
Là sont les morts... Pour eux, plus de matins,
Et chaque jour t'apporte la lumière!
Leurs ossements, prompts à se détacher,
Tombent en poudre, ont hâte de sécher,
Et dans tes os brûlent des flammes vives!...
Malgré la mort, il faudra que tu vives :
Sa grande faux ne saurait t'ébrécher.

Entends le glas qui sonne l'agonie
De ces humains... Leur besogne est finie;
Dans un sommeil doux et réparateur,
Chacun d'entre eux attend le Rédempteur.
La cloche en l'air te jette une ironie :
« Tu ne peux pas te reposer comme eux,
» Ni recevoir de suprêmes adieux;
» Il faut marcher et parcourir la terre,
» Sans espérer que ta froide poussière
» Un jour se mêle à celle des aïeux. »

Soudain les morts, se levant de la tombe,
Autour de lui tournent comme une trombe,
En ricanant, et lui criant : « Viens donc!
» Pourquoi rester en ce morne abandon?
» Viens avec nous!... » Contre terre il retombe,
Et sur son front pèse le cauchemar.
Il veut mourir!... Un fantôme blafard,
Le secouant de son bras de squelette,
Met en ses mains son bâton, et lui jette
Ces mots cruels : « Va-t'en! il se fait tard. »

[vii] Las des cités, des bourgs et des villages,
Pour secouer l'ennui de ses voyages
Et la poussière attachée à ses pieds,
Passant le Rhin, il va voir les glaciers
Dont les sommets sont voilés de nuages.
La solitude y rafraîchit le cœur;
Ces grands aspects font sur le voyageur
L'impression des choses primitives :
Rochers à pic, neige éternelle, eaux vives,
Sapins géants, le glacent de terreur!

En ces déserts où règne le silence,
Guillaume Tell rêva l'indépendance.
Là, secouant son joug matériel,
L'âme s'envole et déjà touche au ciel,
Plus haut que l'air où l'oiseau se balance;
A l'horizon, quand renaît le soleil,
Pour les sommets c'est un rose réveil:
Chaque hauteur semble une jeune fille
Qui d'améthyste et d'opale s'habille;
C'est la lumière en son grand appareil.

L'aigle, l'élan, les chevreaux, les génisses,
Restent, pendus au bord des précipices,
A s'enivrer de ces aspects divins;
Les amoureux remontent les ravins,
Et cœur à cœur savourent ces délices.
Le Juif Errant voudrait les contempler.
Un ange tient, prêt à le harceler,
Un glaive en feu; les beaux sites grimacent,
Les hauts sapins et les rochers le chassent :
Dans le lointain, voyez-le reculer.

[viii] En ces déserts, il faut qu'il se repose!...
A ses regards, la vision s'impose,
Du drame immense où Jésus-Christ est mort:
Pour la chasser il fait un vain effort.
Les monts altiers n'ont plus leur teinte rose :
Il voit rougir les Alpes au front blanc;
Le Christ, plié sous sa croix, tout sanglant,
Traîne son corps meurtri par les lanières;
Sur des chevaux à flottantes crinières
La garde suit, cortége étincelant.

Près d'un nuage, et sur un fond de neige,
Un cordonnier fait contraste au cortége :
C'est Laquedem, avec son long manteau!
De son échoppe il revoit l'écriteau
Et l'humble seuil que sa famille assiége.
Pour n'avoir pas accueilli l'Homme-Dieu,
Le Juif Errant se voit sans feu ni lieu.
Tout l'univers assiste à la sentence,
Et le maudit, qui l'écoute en silence,
Va loin des siens partir, sans dire adieu.

Jusques au ciel s'élèvent, par étages,
Tous différents d'aspects, de sexes, d'âges,
Des temps passés et des siècles futurs,
Des plus connus jusques aux plus obscurs,
Tous les martyrs, tous les saints, tous les sages.
Enveloppé dans cette vision,
Le Juif subit la malédiction.
Un grand éclair a déchiré la nue;
Le jour pâlit... Une force inconnue
Imprime au globe une commotion.

[ix] Lorsque la pluie inonde la feuillée,
Du frêle oiseau l'aile n'est point mouillée;
On y voit l'eau comme en perles courir.
En cent combats, le Juif ne peut mourir,
Tellement l'âme au corps est chevillée.
Par la frayeur n'étant point retenu,
Dans la mêlée il s'élance tout nu;
En vain l'on frappe et d'estoc et de taille;
Hélas! pour toi le gain de la bataille
Serait la mort... L'instant n'est pas venu!

Qu'il en a vu de guerres effroyables!
On aurait pris ces hommes pour des diables,
Qui se battaient pour la religion...
Reconnu Juif, traqué comme un lion,
Il défiait les plus impitoyables...
Il eût voulu rencontrer des rivaux.
Lorsqu'il roulait sous les pieds des chevaux,
Et que son sang baignait la terre avide,
Rien n'ébranlait sa charpente solide,
Prédestinée à de plus durs travaux.

Depuis les chocs sanglants du moyen âge,
De notre globe il a vu le partage
Coûter le sang des générations.
Mieux auraient fait ces pauvres nations
De s'entr'aimer! C'est contraire à l'usage.
Nous avons vu la paix fleurir trente ans!
Et nous rêvions éternel ce printemps :
Un Czar le veut! la guerre se rallume...
Depuis le jour que cette torche fume,
Qu'on en a vu mourir de combattants!

[x] Fuis cette terre où la guerre vivace
A sa racine en des haines de race;
Embarque-toi, libre, au plus prochain port;
L'Océan sombre est un grand sphinx qui dort,
Et son secret ne laisse pas de trace.
Sur un navire, il faut s'aventurer;
Le moindre coup le peut faire sombrer.
Le ciel plus bas présage la tempête;
La vague bout, elle argente sa crête;
Les goëlands viennent de l'effleurer.

Les eaux longtemps, par leur poids retenues,
D'un bond soudain s'élancent jusqu'aux nues;
A ces hauteurs, le navire emporté,
Perd sa voilure et tombe démâté.
On apprend là des transes inconnues.
Le capitaine est pâle comme un mort :
Sur sa boussole, il ne voit plus le nord;
Le matelot se voue à la Madone;
Signal d'alarme, un coup de canon tonne;
Dans la terreur, l'équipage se tord.

Femmes, enfants, vieillards, l'homme lui-même,
Tendent au ciel bras nus et face blême.
Le vaisseau craque, et tous sont engloutis.
Les vagues ont de cruels appétits,
Pour dévorer, hélas! tout ce qu'on aime.
Les requins noirs s'ébattent alentour...
Objets chéris, adieu pour vous le jour,
Le crépuscule et le blanc clair de lune!
Le Juif échappe à cette mort commune,
Et l'Océan trouve son corps trop lourd.

[xi] Le voilà donc sur ces terres nouvelles,
Où l'espérance a de si jeunes ailes!
Monts et forêts y sont vierges encor;
Mais l'homme ira bientôt y chercher l'or :
Chaque rivière en roule des parcelles.
L'ancien chaos, par ses commotions,
A tourmenté ces grandes régions.
Là des palmiers montent les fûts célestes;
Il couve là fièvres, poisons et pestes;
On s'y rencontre avec les grands lions.

Le Juif Errant, arrivant sur ces terres,
Voit accourir les jaguars, les panthères,
Le tigre jaune : il court au-devant d'eux,
Et son œil gris paralyse leurs yeux,
Miroirs sanglants, pleins de fauves lumières.
Des baobabs, des plus grands végétaux,
Des aloès durs comme des cristaux,
Sortent, grouillant, les serpents à sonnettes,
Et les boas dressent leurs plates têtes,
Dardant leur langue et traînant leurs anneaux.

Se détachant du sable d'or des îles
Et de la plage, errent des crocodiles
Ambrés, ouvrant leur mâchoire en étaux,
Dont les dents sont des lames de couteaux.
Force impuissante et rages inutiles!
Ce corps est tel que le fer ni l'acier,
Que mille dents ne pourraient le scier.
Du Tout-Puissant les volontés exactes
Bravent poisons, tempêtes, cataractes...
Il ne mourra qu'au jugement dernier.

[xii] Anges du ciel, de vos grandes trompettes,
Sonnez, sonnez, ranimez les squelettes,
Les ossements, la cendre des tombeaux!
De toutes chairs qui furent des lambeaux,
Formez des corps qui porteront leurs têtes.
Astres éteints, et d'un sang noir tachés,
Des cieux profonds, tout à coup détachés,
Roulez sans ordre et parsemez de lave
La terre morte, où le pécheur tout hâve
Demande grâce et pleure ses péchés.

« Détachez-vous, rochers, de votre base;
» Que votre poids, en roulant, nous écrase! »
Dit le pécheur, en proie à ses remords.
Auprès de lui, les justes, doux et forts,
Ont l'avant-goût de la céleste extase.
Le Juif Errant, arrivant dans ce lieu,
N'est plus brûlé par l'invisible feu.
De Josaphat la célèbre vallée,
De tous les morts des nations comblée,
A le frisson... Voilà le fils de Dieu!

Le Juif Errant meurt... Quand il ressuscite,
Il ne sent plus d'aiguillon qui l'excite;
Ses pieds poudreux peuvent se reposer,
Son vieux bâton doit enfin se briser.
Jésus, d'un geste, à sa droite l'invite.
Lors, un concert d'immense charité
S'élève au ciel, par les anges chanté.
Le sang du Christ au front du Juif s'efface.
Plus de combats de caste ni de race!
Alleluia pendant l'éternité!

ÉPILOGUE

Avant de terminer son long pèlerinage,
Le Juif Errant va voir les merveilles d'un âge
Dès longtemps annoncé, que déjà nous tenons.
Nous entendons de loin le bruit sourd des canons;
Leurs coups, en l'honorant, font saigner la patrie
Et les mères pleurer; tandis que l'industrie,
Par ses progrès croissants, donne aux masses le pain,
Le vêtement, l'abri, l'espoir du lendemain.
Que notre Juif Errant visite les usines,
Qu'il se fasse engrener aux dents de leurs machines,
Et s'il n'est pas broyé, c'est que sa mission
Est d'attendre la fin de la rédemption.
La voilà commencée, et, par toute la terre,
C'est l'heure d'entonner un hymne séculaire.
Quand Horace et Virgile ont dit leur chant d'espoir,
La puissance romaine, ébranlée, allait choir.
Les poëtes latins et l'antique sibylle
Avaient senti dans l'air et prédit l'Évangile.
Du vieil ordre détruit tout un ordre nouveau,
Avec le Christ vainqueur, sortait de son tombeau.
Les moments sont pareils, encore plus propices.
Maçons aux larges mains, comblez les précipices;
Ouvrez d'un pic vainqueur les monts aux larges flancs;
Haussez les viaducs jusqu'aux nuages blancs.
Cyclopes, forgerons, faites rougir la lave
Dont est formé le rail qui délivre l'esclave.
Dans les ateliers noirs, et sur les longs chemins,
La vapeur bout et siffle : elle donne aux humains
La force de broyer les plus rudes obstacles;
Pour le bonheur de tous, elle fait des miracles.
Est-il un esprit fort qui voudrait le nier?
Qu'il entre seulement au sein de l'atelier,
Quand le fourneau s'allume et que l'eau comprimée
Commande l'action à toute cette armée :
Pistons, leviers, volants, cylindres, balanciers,
Les hommes les plus forts, les plus ardents coursiers,
Ni les doigts exercés d'un beau joueur de flûte,

Ne pourraient soutenir un quart d'heure la lutte,
Pour la rapidité, pour la précision,
Avec ces instruments de la production.
Mais qu'est-ce que le rail près du fil électrique?
C'est là le complément, l'invention féerique.
Loin de nous, une mère, une épouse est en deuil :
Une étincelle part plus vite qu'un coup d'œil,
Et porte sur ce fil au loin notre pensée
A celle qui s'est crue un instant délaissée.
Et ne verrons-nous pas tôt ou tard les ballons
Niveler de plus haut les monts et les vallons?
En attendant, déjà les nations s'unissent,
Les chevaux du soleil sur l'Océan hennissent;
Il se fait un échange, entre tous les pays,
D'exotiques trésors, animaux, fleurs et fruits.
L'Amérique a nos vins, nous avons sa farine.
La voile encore utile et la vapeur marine,
Par les isthmes percés, les canaux et les ports,
Ne feront qu'un seul peuple, en rapprochant les bords.
L'éléphant, le lion, le tigre, domestiques,
Serviront d'ornement à nos fêtes publiques,
Enguirlandés de fleurs qu'on ne connaissait pas.
Une Cérès nouvelle, aux robustes appas,
A quelque Bacchus noir prêtant son flanc de neige,
Des nègres délivrés mènera le cortége
Sous la palme et la vigne, et sur la pourpre en fleur.
Ce sera l'âge d'or. L'âge de la douleur
A trop longtemps pesé sur l'Humanité mère;
Il est temps d'en finir avec Guerre et Misère!
Peuples, préparez-vous! Juif Errant, va toujours;
Avant ton grand trépas, il va naître des jours
Où tu devras sentir s'alléger ta souffrance;
Tu verras se sceller la nouvelle alliance.
Tout renaît, au moment où tout semble périr :
Comme ceux de Gessen, tous les champs vont fleurir;
L'art va ressusciter plus grand qu'au moyen âge...
Bois un coup avec nous, bon Juif, et bon voyage!

PIERRE DUPONT.

FIN.

Composé et dessiné par G. Doré.   Imprimé par J. Best.   Gravé par Dété, Jarret.

Jésus, la bonté même,
Me dit en soupirant :
— Tu marcheras toi-même
Pendant plus de mille ans.
. . . .
. . . .

Complainte du Juif errant.

Composé et dessiné par G. Doré. — Im. d'Art par J. Best. — Gravé par Doré.

C'est ma cruelle audace
Qui cause mon malheur;
Si mon crime s'efface
J'aurai bien du bonheur;
J'ai traité mon Sauveur
Avec trop de rigueur.

Complainte du Juif errant.

Composé et dessiné par G. Doré.   Imprimé par J. Best.   Gravé par Gauchard.

Un jour, près de la ville
De Bruxelles en Brabant,
Des bourgeois fort dociles
L'accostèrent en passant.
Jamais ils n'avaient vu
Un homme si barbu.

Complainte du Juif errant.

Composé et dessiné par G. Doré.   Imprimé par J. Best.   Gravé par Best—

Entrez dans cette auberge,
Vénérable vieillard ;
D'un pot de bière fraîche
Vous prendrez votre part :
Nous vous régalerons
Le mieux que nous pourrons.

Complainte du Juif errant

Composé et dessiné par G. Doré. Imprimé par J. Best. Gravé par Moreau.

La vieillesse me gêne :
J'ai bien dix-huit cents ans ;
Chose sûre et certaine.
Je passe encor douze ans ;
J'avais douze ans passés,
Quand Jésus-Christ est né.

Complainte du Juif errant.

Juste ciel ! que ma ronde
Est pénible pour moi !
Je fais le tour du monde
Pour la cinquième fois :
Chacun meurt à son tour,
Et moi je vis toujours.

Complainte du Juif errant.

Composé et dessiné par G. Doré.   Imprimé par J. Best.   Gravé par J. Gauchard.

Est-il rien sur la terre
Qui soit plus surprenant
Que plus grande misère
Du pauvre Juif errant!
Que son sort malheureux
Paraît triste et fâcheux!

Complainte du Juif errant.

Composé et dessiné par G. Doré. — Imprimé par J. Best. — Gravé par Oct. Jahyer.

Moi, brutal et rebelle,
Je lui dis sans raison :
Ote-toi, criminel,
De devant ma maison :
Avance et marche donc,
Car tu me fais affront.

Complainte du Juif errant.

Composé et dessiné par G. Doré.   Imprimé par J. Best.   Gravé par J. Gauchard.

J'ai vu dedans l'Europe,
Ainsi que dans l'Asie,
Des batailles et des choses
Qui coûtaient bien des vies;
Je les ai traversées
Sans y être blessé.

Complainte du Juy errant.

Composé et dessiné par G. Doré.   Imprimé par J. Best.   Gravé par Pisan.

Je traverse les mers,
Les rivières, les ruisseaux,
Les forêts, les déserts,
Les montagnes, les coteaux,
Les plaines et les vallons :
Tous chemins me sont bons.

Complainte du Juif errant.

Lui va dans l'Amérique,
C'est une vérité,
Ainsi que dans l'Afrique,
Grande mortalité :
La mort ne me peut rien,
Je m'en aperçois bien.

Complainte du Juif errant.

Composé et dessiné par G. Doré.   Imprimé par J. Best.   Gravé par J. Gauchard.

. . .   .
. . .   .
. . .   .
. . . .
Le dernier jugement
Finira ce tourment.

Complainte du Juif errant.